Alexander Stevens
Verhängnisvolle Affären

AF178675

Zu diesem Buch

Dating-Apps und Online-Plattformen versprechen unverbindliches Kennenlernen, die schnelle Anbahnung von Flirts und mehr – alles unkompliziert und ohne Risiko. Doch die Wahrheit sieht oft anders aus: Immer häufiger resultieren gerichtliche Verfahren aus Online-Dates, denn so mancher vertrauenswürdig erscheinende Nutzer entpuppt sich als Übeltäter.

Bestsellerautor Alexander Stevens, im Hauptberuf Anwalt für Sexualdelikte, hat zwanzig wahre Fälle zusammengetragen. Darin geht es nicht nur um den gefährlichen Wolf im Schafspelz, sondern auch um äußerst skurrile Vorlieben, Erwartungen und Leidenschaften – nicht selten gepaart mit unfreiwilliger Komik. Allen Fällen gemeinsam ist: Was als harmloses erotisches Abenteuer begann, landet schließlich im Büro des Anwalts. Schonungslos und unterhaltsam erzählt Stevens davon, was in den Weiten des World Wide Web alles möglich ist.

Dr. Alexander Stevens ist Fachanwalt für Strafrecht und einem breiten Publikum als Buchautor und Anwalt in verschiedenen TV-Formaten bekannt (u. a. *SAT.1 Frühstücksfernsehen*, *Stern-TV* und *Markus Lanz*).

Zuletzt erschienen von ihm bei Piper der Spiegel-Bestseller *9 ½ perfekte Morde* sowie *Verhängnisvolle Affären* und *Aussage gegen Aussage*.

Alexander Stevens

VERHÄNGNISVOLLE AFFÄREN

Wenn Online-Dates beim Anwalt landen

PIPER

Mehr über unsere Autorinnen, Autoren und Bücher:
www.piper.de

Von Alexander Stevens liegen im Piper Verlag vor:
9 ½ perfekte Morde
Verhängnisvolle Affären
Aussage gegen Aussage
Falsch verdächtigt
Der perfekte Mord?

Inhalte fremder Webseiten, auf die in diesem Buch hingewiesen wird, macht sich der Verlag nicht zu eigen und übernimmt dafür keine Haftung.

Wir behalten uns eine Nutzung des Werks für Text und Data Mining im Sinne von § 44b UrhG vor.

Originalausgabe
ISBN 978-3-492-31305-6
1. Auflage November 2018
4. Auflage Oktober 2025
© 2018 Piper Verlag GmbH, Georgenstraße 4, 80799, München
www.piper.de
Für einen direkten Kontakt und Fragen zum Produkt wenden Sie sich bitte an: *info@piper.de*
Redaktion: Antje Röttgers
Umschlaggestaltung: zero-media.net, München
Umschlagabbildung: © Julian Hartwig/NeonBlack und FinePic®, München
Satz: Uhl & Massopust GmbH, Aalen
Gesetzt aus der Scala OT
Gedruckt von ScandBook in Litauen
Printed in the EU

VORWORT

Wer erinnert sich nicht ans erste Date: Das Knistern, die Aufregung, manch Unbeholfenheit?

Erste Dates sind spannend – wie sie enden, weiß man nie: Vielleicht gibt es eine Wiederholung, vielleicht auch nicht. Vielleicht erwächst daraus die große Liebe, vielleicht bleibt es auch »nur« beim One-Night-Stand.

Und vielleicht läuft auch alles ganz entsetzlich schief.

So wie in den folgenden Kapiteln dieses Buchs. Denn Online-Dating ist schnell, hemmungslos und anonym.

»Es gibt nichts, was ich noch nicht gehört habe«, sage ich zu meinen Klienten, wenn sie mich erstmals anwaltlich wegen möglicher Straftaten bei einem missglückten Date konsultieren. Schließlich ist es nicht einfach, einem Wildfremden offen zu berichten, was bei dem Intimsten eines Menschen Schlimmes passiert ist. Es hilft ein wenig, den Mandanten die Hemmung zu nehmen.

Doch eigentlich ist das mit dem »schon alles gehört« gelogen: Denn jedes Mal aufs Neue bin ich überrascht, wo, wie und mit wem so ein Online-Date sein Ende nehmen kann...

Eine Warnung sei vorangestellt:
Jede Geschichte in diesem Buch beruht auf echten Fällen.

Mitgewirkt, redigiert und für gut befunden:
Philip Müller

Es ist ein seltener Anblick, dass gleich eine ganze Familie auf der Anklagebank eines Strafgerichts Platz nehmen muss – aber der Reihe nach.

Gisela hatte ihren Werner noch während der Schulzeit kennengelernt. Beide stammten aus einem kleinen Ort, in dem es außer einer angrenzenden Dorfdisco nicht viel Abwechslung gab. In dieser lernten sie sich dann auch mit fünfzehn Jahren kennen. Nach ein paar eiligst gekippten Glas Bier fasste Werner sich ein Herz und sprach die fesche Gisela an. Kurz darauf tanzten sie auch schon eng umschlungen zu einem schnulzigen Song. Von da an waren sie ein Paar.

Nach dem Realschulabschluss zogen die beiden zusammen in die Stadt, Gisela arbeitete als Floristin in einem großen Kaufhaus und Werner in der Schicht bei einem Automobilkonzern. Ein Jahr später machte Werner seiner Gisela einen Heiratsantrag, welchen sie ohne zu zögern annahm. Wieder ein Jahr später kam Sohn Stephan zur Welt, und die kleine Familie zog an den Stadtrand in eine Doppelhaushälfte.

So gingen die Jahre ins Land, und mit ihnen kam der Alltag. Sex hatten Gisela und Werner schon lange nicht mehr, und wirklich gut verstand man sich auch nicht. Über eine Trennung dachten beide hin und wieder nach, aber keiner sprach das Thema an. Und so blieben sie beieinander – vermutlich Stephan zuliebe, obwohl der schon fast zwanzig Jahre alt war.

In jener Zeit sahen Gisela und Werner einander kaum noch. Er ließ sich der besseren Bezahlung wegen ausschließlich für Nachtschichten einteilen, und in den Urlaub fuhr man immer öfter allein, er meist zusammen mit seinen Stammtischbrüdern und sie mit ihren Freundinnen aus dem Kegelverein.

Gisela machte die ständige Einsamkeit zu schaffen – vor allem nachts, wenn ihr Mann auf Schicht war. Der wöchentliche Kegelabend war anfangs zwar eine willkommene Abwechslung, aber mittlerweile war auch der zur Routine geworden. Und der zweiwöchentliche Italienischkurs an der Volkshochschule war mangels ausreichender Teilnehmerzahl abgesetzt worden. Immer öfter endeten Giselas Feierabende deshalb allein vor dem Fernseher. Und ausgerechnet diese einsamen Fernsehabende sollten Giselas Leben für immer verändern. Regelmäßig flackerte in den Werbepausen des Nachtprogramms nämlich ein Spot auf, der verheißungsvolle Liebesabenteuer versprach, wenn man sich auf der beworbenen Seitensprung-Webseite anmeldete. Zunächst registrierte Gisela den Spot kaum, wie sie auch die nervigen Webcam-Girls kaum wahrnahm, die mal mehr mal weniger lustvoll aus dem Fernsehgerät stöhnten. Doch eines Abends packte sie die Neugier. Vielleicht fühlte sie sich gerade besonders einsam, weil ihr Mann den Hochzeitstag vergessen und seine Nachtschicht ganz selbstverständlich angetreten hatte. Jedenfalls schnappte sie sich den Laptop ihres Sohnes und meldete sich auf der Seitensprung-Webseite aus der Werbung an.

Trotz oder vielleicht auch gerade wegen ihres unbeholfen erstellten Profils dauerte es nicht lange, bis sie von ersten liebeshungrigen Interessenten kontaktiert wurde. Sie hatte ja nicht geahnt, wie einfach es heutzutage war, Männer kennenzulernen – und das auch noch anonym. Natürlich war Gisela durchaus bewusst, dass es hier nicht um die große Liebe, sondern um Sex ging. Dass sie aber binnen einer Woche nach ihrer Anmeldung auf dem Seitensprungportal weit über hundert Nachrichten bekommen hatte, schmeichelte ihr schon irgendwie.

Gisela ging zunächst noch sehr vorsichtig vor, Werner und Stephan durften nichts von ihrer heimlichen Leidenschaft erfahren. Peinlich genau achtete sie darauf, dass man sie auf ihren Profilbildern nicht erkannte, und auf mehr als einen unverfänglichen Chat ließ sie sich nicht ein. Alles Weitere fand nur in ihrer Fantasie statt. Obwohl viele Männer eindeutige Offerten machten, blieb Gisela stets zurückhaltend. Sich tatsächlich mit einem der Männer zu treffen, das schloss sie für sich aus.

Für eine Zeit lang hielt Gisela sich eisern an dieses Prinzip, bis sie eines Tages eine Chat-Nachricht ausgerechnet von einer Frau erhielt. »Ich finde dein Profil sehr ansprechend, wollen wir uns mal treffen?«, hatte »Leonie24« ihr geschrieben. Im Gegensatz zu Giselas vagem Profil – außer ihrer Leidenschaft fürs Kegeln hatte sie kaum etwas angegeben –, schilderte Leonie24 freimütig ihre sexuellen

Vorlieben, wozu Sex mit Männern, Frauen und Gruppensex zählten. Auf ihren Bildern gab Leonie24 sich äußerst offenherzig und sah durchaus ansprechend aus.

Gisela wusste nicht recht, ob sie auf die Anfrage antworten sollte, denn auf Frauen stand sie nicht, jedenfalls hatte sie noch nie entsprechende Bedürfnisse verspürt. Andererseits machte sie die Aufmerksamkeit der jungen, hübschen Leonie neugierig. Und gebot es nicht die Höflichkeit wenigstens abzusagen? So hatte sie es mit den Nachrichten der Männer auch immer gehalten. Gisela wartete einige Tage ab, fasste sich dann ein Herz und schrieb Leonie zurück – allerdings mit dem festen Entschluss, ein etwaiges Angebot von Leonie höflich auszuschlagen. Giselas homoerotischen Ängsten zum Trotz erwies sich Leonie jedoch als unaufdringliche und sympathische Chatpartnerin. Dabei unterhielten sie sich von Anfang an nicht groß darüber, was sie auf der Seitensprung-Webseite suchten. Leonie erzählte von ihrem Magisterstudium, ihrem Pferd, und von allerlei Alltagsbegebenheiten. Gisela schüttete Leonie ihr Herz aus, schrieb ihr von ihrem Alltag, der Sorge um ihren Sohn, der noch immer im Hotel Mama wohnte und natürlich von der unglücklichen Beziehung zu ihrem Mann. Die beiden Frauen verstanden sich gut, und bald trafen sie sich auch privat auf einen Kaffee oder auch mal abends zum Essen. Gisela stellte fest, dass sie mit ihrer neuen Freundin über Dinge sprechen konnte, die sie zuvor noch nie mit einem anderen Menschen geteilt hatte. Natürlich sprachen sie irgendwann auch über die Seitensprung-Webseite, über die sie einander kennengelernt hatten, und Leonie machte keinen Hehl daraus, dass sie dort sehr aktiv »unterwegs« war. Obwohl Gisela es anfangs kaum mit ihrem Gewissen vereinbaren konnte, sich mit einem fremden Mann zu treffen, nahm Leonie ihr mit ihrer aufgeschlossenen Art Stück für Stück die Angst davor, einen Schritt weiter zu gehen.

Seit fünfundzwanzig Jahren hatte Gisela nun kein Date mehr gehabt, so lange lag der Abend in der Dorfdisco nun schon zurück. Sie war völlig unerfahren, und alleine der Gedanke an ein Treffen mit einem anderen Mann verursachte ihr Panik, wenngleich sie auch ein wenig kitzelnde Neugierde verspürte. Leonie schlug ihr deshalb vor, sie mit in den Club 24 zu nehmen. Dort war Leonie schon seit gut zwei Jahren Mitglied, und wie der Name schon anklingen ließ, nahmen an den Clubtreffen stets exakt vierundzwanzig Mitglieder teil: zwölf Frauen und zwölf Männer.

Der Club bot ein sexuelles Erlebnis der besonderen Art: Vor einem schwarzen Vorhang mit Aussparungen auf Höhe des Intimbereichs, stellten sich die zwölf Frauen nebeneinander auf. Auf der anderen Seite des Vorhangs bezogen derweil die zwölf Männer Stellung. Auf ein Zeichen der Clubchefin Sonja hatten die Männer durch die Aussparung des Vorhangs mit den Frauen Sex, wobei sie munter durchwechselten und auch die Frauen ihre Position oder auch die Stellung und die Art des Geschlechtsverkehrs variierten. Verboten war nur, auf die andere Seite des Vorhangs zu wechseln.

Gisela hatte die Lust schon anhand dieser Erzählung schier überwältigt. Allein die Vorstellung, endlich mal wieder ordentlich Sex zu haben, dem fremden Mann dabei aber nicht in die Augen sehen zu müssen – das war ein Gedanke, der sie fortan nicht mehr losließ. Und das Beste daran: Sie müsste das Wagnis noch nicht einmal allein auf sich nehmen. Ihre neue beste Freundin wäre ja auch dabei.

Also begleitete Gisela Leonie zu einem Schnupperabend im besagten Club 24.

Alles war so, wie Leonie es ihr beschrieben hatte. Das unscheinbare Einfamilienhaus, in dem das Treffen stattfand, verfügte über zwei diskrete Eingänge. Der für Männer lag hinten, der für Frauen vorne. Die Einrichtung war gepflegt und geschmackvoll, das Ambiente einladend und sauber. Die Clubleiterin Sonja begrüßte ihren »Schnuppergast« persönlich, führte sie durch die Räumlichkeiten, und erwies sich als ausgesprochen nett und herzlich. In einem kleinen Empfangsraum warteten bereits einige Frauen in Dessous und bedienten sich von den Häppchen eines reichhaltigen Büfetts. Eine Tür weiter befand sich ein Umkleideraum mit Duschen und Toiletten. Hinter einer mit rotem Samt bespannten Tür öffnete sich dann der eigentliche Raum des frivolen Treibens nebst dem sagenumwobenen schwarzen Vorhang, der schwer von der Decke fiel und am Boden festgezurrt war, damit auch ja nichts verrutschte. Vor den Aussparungen im Vorhang sah Gisela kleine Körbe gefüllt mit Gleitgel und Kondomen. An der Seite standen mehrere Massageliegen, die man vor die Aussparung schieben konnte, um auch im Liegen Geschlechtsverkehr zu haben, wenn man nicht alles nur im Knien oder in gebückter Haltung machen wollte. Safer Sex war ein absolutes Muss, und es waren die Frauen, die dafür Sorge tragen mussten, dass ein durch den Vorhang durchgesteckter Penis ordnungsgemäß »verpackt« wurde, ehe es zum Koitus kam.

Gisela war es am Schnupperabend freigestellt, ob sie

nur zusehen oder auch mitmachen wollte. Die einladende Stimmung im Club 24 trug jedoch dazu bei, dass Gisela die letzten Hemmungen fallen ließ. Nachdem sie Leonie eine Weile bei deren frivolem Treiben zugesehen hatte, entschloss Gisela sich spontan, einem ermunternden Blick ihrer Freundin zu folgen und selbst mitzuwirken. Sie kniete sich vor das erste Loch ganz links im Vorhang und wartete darauf, dass ein Mann seinen Penis hindurchsteckte. Ihre Hände waren ganz zittrig beim Überstreifen des Kondoms, Leonie musste helfen, was dem Mann sichtlich zu gefallen schien. Dann umschloss sie den erigierten Penis fest mit den Lippen und befriedigte den Mann bis zum Orgasmus.

Von diesem Tag an nahm Gisela an fast jedem der Clubtreffen teil. Nach nur vier Monaten wurde sie Stamm-Mitglied oder auch »Mitglied der Stamm-Zwölf«, wie es unter den Clubmitgliedern hieß. Die Beziehung zu Leonie wurde immer enger. Sie verabredeten sich auch außerhalb der wöchentlichen Clubtreffen nahezu täglich und gingen mal ins Café, mal ins Kino oder trafen sich auf ein paar Drinks. Gisela fühlte sich wie von einer schweren Last befreit, ihre Libido wurde befriedigt, und sie war auf einen Schlag wieder richtig glücklich. Auch das Leben zu Hause wurde wieder erträglich. Es störte sie nicht mehr, dass Werner neben ihr her lebte. Im Gegenteil: Sie kostete die neu gewonnene Freiheit in vollen Zügen aus. Alles war nahezu perfekt, und auch um ihr Nesthäkchen Stephan machte sie sich kaum noch Sorgen. Er verbrachte zwar immer noch viel Zeit zu Hause – vor allem mit dem Computer –, und auch mit Frauen schien bei ihm nicht viel zu laufen, aber sie war sich sicher, dass das bald kommen würde – zumindest hoffte sie das. Vielleicht wäre sogar Leonie etwas für ihn? Gisela dachte darüber nach, die beiden einander vorzustellen. Allerdings verwarf sie den Gedanken gleich wieder. Wie sollte sie die beiden miteinander bekannt machen, ohne ihr Doppelleben preiszugeben? Unter keinen Umständen würde sie ihr neu gewonnenes Lebensglück aufs Spiel setzen.

Nur acht Monate nach dem ersten Schnupperabend im Club 24, kam es zu einem Ereignis, das alles verändern sollte. Auch an jenem Donnerstagabend fand wieder das wöchentliche Clubtreffen statt. Wie immer wartete Gisela mit dem Schminken und Umziehen, bis Ehemann Werner die Wohnung abends für die Nachtschicht verlassen hatte. Sohn Stephan verabredete sich seit einiger Zeit immer donnerstags zum »Computer-Zocken«. Gisela konnte sich also in Ruhe vorbereiten.

Im Club angekommen, unterhielt sie sich wie immer angeregt mit Clubchefin Sonja, Leonie und den anderen Frauen, ehe es in den Raum mit dem schweren, schwarzen Vorhang zur Sache ging. Mittlerweile war Gisela ähnlich routiniert im Ausleben ihrer Fantasien wie ihre Freundin Leonie. Giselas Vorliebe war es, eine der Massageliegen vor den Vorhang zu schieben und sich wahllos von den durchgesteckten Penissen penetrieren zu lassen. Auch dieses Mal legte sie sich auf die Liege, deren Fußteil sich ähnlich wie beim Gynäkologen nach links und rechts wegdrücken ließ, wodurch der Intimbereich so nah wie möglich an der Aussparung im Vorhang lag und man die volle Manneskraft seines Gegenübers genießen konnte. Auf das Signal von Clubchefin Sonja steckte der erste Mann sodann seinen Penis durch die Aussparung im Vorhang. Gisela streifte routiniert ein Kondom darüber, legte sich auf die Liege und führte sich den Penis durch den Vorhang hindurch in die Vagina ein. Sie hatte inzwischen trotz der Anonymität gelernt, bestimmte Männer an ihrem Penis und dem Rhythmus ihrer Bewegungen wiederzuerkennen, und das Stammmitglied, mit dem sie nun Sex hatte, war einer ihrer Favoriten geworden – Leonies übrigens auch, wie sie Gisela unlängst erzählt hatte. In freudiger Erwartung schloss Gisela ihre Augen und gab sich lustvoll den festen Stößen hin.

Doch nur wenige Augenblicke später stellte ihr Sexualpartner den Intimverkehr unvermittelt ein. Ein ohrenbetäubendes Schreien schallte durch den Raum, es waren keineswegs Schreie der Lust.

Hatte da gerade jemand ihren Namen gerufen? Erschreckt schlug Gisela die Augen auf. Der Vorhang war mit brachialer Gewalt heruntergerissen worden. Als sie den Randalierer auf der anderen Seite sah, bestand kein Zweifel mehr. Es war ihr Ehemann. Werner musste ihr gefolgt sein, und das war noch nicht alles. Zum ersten Mal war die Geschlechtertrennung im Club 24 aufgehoben. Ein äußerst peinliches Schweigen machte sich breit, unterbrochen nur von den wütenden Schreien ihres Mannes der von vier gut gebauten, nackten Männern im Schwitzkasten festgehalten wurde. Clubchefin Sonja alarmierte umgehend die Polizei. Niemand sah sich in der Lage, die Situation zu beruhigen oder etwas zu sagen. Zwölf nackte Frauen standen zwölf nackten Männern gegenüber, und mittendrin tobte ein wütender Ehemann. Als ob das alles nicht schon befremdlich genug gewesen wäre, erblickte Gisela unter den Männern, mit denen sie in den letzten Monaten so lustvoll Sex gehabt hatte, einen, der ihr alles andere als fremd war: ihren Sohn Stephan, der – mit beiden Händen seinen Intimbereich bedeckend –, den entsetzten Blick seiner Mutter erwiderte.

Gisela wusste nicht, was schlimmer war: dass ihr Ehemann sie in flagranti in einem Swingerclub erwischt hatte, oder dass sie, ohne es zu ahnen, mehrfach mit ihrem eigenen Sohn Sex gehabt hatte.

Nach diesem Vorfall sahen sich Werner, Gisela und Stephan erst vor Gericht wieder. Werner hatte keinen Fuß mehr in das gemeinsame Haus gesetzt, Stephan hatte noch am selben Abend stumm seine Sachen gepackt, und Gisela war vorerst zu Leonie gezogen. Das Leben der Familie lag in Scherben: Werner war angeklagt wegen Hausfriedensbruch im Club 24 und wegen Sachbeschädigung an dem schwarzen Vorhang und der Haustür, die er eingetreten hatte. Gisela und Stephan standen wegen Inzest vor Gericht.

Die zu erwartenden Strafen waren dabei das geringste Problem, denn im Laufe der Gerichtsverhandlung kamen immer neue Grausamkeiten ans Licht. Werner hatte offenbar einen guten Teil seiner »Nachtschichten« längst bei seiner neuen Freundin verbracht, und Stephan war erst auf den Club 24 gestoßen, als er die entsprechenden Links im Browserverlauf auf seinem Computer gesehen hatte. Gisela hatte also durch die Nutzung seines Laptops erst dazu beigetragen, dass sie unwissentlich mit ihrem eigenen Sohn Sex gehabt hatte.

So war es dann zuletzt nur ein schwacher Trost, dass

das Gericht das Verfahren einstellte. Dem Richter war klar, dass weder Stephan noch Gisela gewusst hatten, dass sie dieselbe Vorliebe, denselben Club, denselben Vorhang und noch einiges mehr miteinander teilten. Auch für den eifersüchtigen Werner hatte er angesichts des verstörenden Anblicks, die eigene Frau beim Sex mit zwölf Männern zu erwischen, einigermaßen Verständnis.

In die Augen konnte sich die Familie seither trotzdem nicht mehr blicken.

Wer übrigens jener der zwölf Männer war, mit dem es Gisela und Leonie so ausgesprochen gut gefallen hatte, wurde nicht weiter aufgeklärt. Vielleicht auch besser so …

IHR LETZTES DATE

Natalie hatte sich äußerst schick gemacht und traf ganze fünfzehn Minuten vor der Zeit am Kino ein – eigentlich völlig untypisch für sie als notorische Zuspätkommerin. Aber diesmal hatte sie nicht nur einen kleinen Leckerbissen, sondern einen richtig großen Fisch am Haken. In den zwei Jahren als Single hatte sie schon einige Dates über diverse Apps und Dating-Seiten gehabt, und bisher war nie der Richtige dabei gewesen. Die meisten wollten immer nur Sex, abgesehen von den Spinnern, die schon beim ersten Treffen Zukunftspläne schmiedeten. Selbst wenn es bei dem ein oder anderen doch zu passen schien und es zu mehr als nur dem ersten Date kam, entpuppten sich die Kandidaten über kurz oder lang als echte Freaks. Der eine lebte mit fünfunddreißig Jahren noch bei seiner Mutter – angeblich nur, um sich die Miete zu sparen. Aber sicher doch! Der andere war verheiratet, seine Frau aber einverstanden mit einer Dreiecksbeziehung. Wer's glaubte! Der nächste tischte ihr auf, er leide seit einer Kriegsverletzung unter Erektionsstörungen, als sie das erste Mal intim werden wollte. Ah ja!

Ganz anders der Mann, mit dem sie sich heute über die Dating-Plattform *LoveRadar* verabredet hatte. Er sah nicht nur verdammt gut aus, sondern hatte es dazu offenbar auf mehr abgesehen als nur Sex, was ihn von so vielen anderen unterschied, die sich auf den einschlägigen Dating-Plattformen herumtrieben. Er war wohl tatsächlich an etwas Ernstem interessiert, und wenn es nach ihr ging, konnte aus dem heutigen Kinobesuch gerne mehr werden. Immerhin hatte er Natalie gefragt, ob sie ihn nach dem Kino nach Hause fahren könnte. Sicherheitshalber hatte sie ein paar Kondome in ihre Handtasche gesteckt und sich für ein rotes Kleid entschieden. Wenn Männer eines wussten, dann ja wohl, dass etwas ging, wenn eine Frau Rot trug.

Auf seinem Profilbild sah er fabelhaft aus. Sie mochte seinen Jeans-in-Jeans-Look: Jeanshemd, Jeanshose und darunter ein enges T-Shirt. Er war nicht die hellste Kerze am Christbaum, das war ihr schon binnen der ersten Minuten des eher unbeholfenen Chats klar geworden – seine Antworten strotzten nur so vor Rechtschreibfehlern –, aber sie fand das irgendwie süß. Und dass er Kfz-Mechaniker war, konnte nur zu ihrem Vorteil sein. Wenn sie allein daran dachte, wie oft sie in der Vergangenheit schon den Pannennotdienst rufen musste ... Dann waren da noch die vielen Tattoos auf seinen muskulösen Oberarmen, die sie ein bisschen an böse Knast-Jungs erinnerten und sie ziemlich anturnten.

Der Kinofilm war ganz okay. Aber sie hatte sich insgeheim schon etwas mehr erhofft als zaghaftes Händchenhalten nach der ersten Hälfte des Films. Aber hey, der Abend war ja noch jung, und schließlich würde sie ihn nach dem Film nach Hause fahren. Es konnte also noch viel passieren. Vielleicht war er trotz der vielen Tattoos, der Muskeln und dem markanten Gesicht einfach sehr schüchtern. Der Gedanke, dass dieser auf den ersten Blick so harte Junge ihren weiblichen Reizen hilflos ausgeliefert sein könnte, gefiel ihr erst recht. Dann musste eben sie ein bisschen offensiver werden, hatte sie noch gedacht, als er nach dem Film zu ihr ins Auto stieg.

Nach etwa zehnminütiger Fahrt fiel ihm plötzlich ein, dass er noch kurz bei einem Kumpel, der in einer nahe gelegenen Tankstelle arbeitete, etwas abholen musste. Ob sie noch kurz an der besagten Tanke haltmachen könnte? Es werde auch nicht lange dauern.

Natürlich war das für Natalie kein Problem. Ob sie fünf Minuten früher oder später bei ihm ankämen, war ihr egal. Außerdem meldete sich wieder ihre weibliche Intuition, und sie war sich sicher, dass es nur eine faule Ausrede war. Naheliegender war doch, dass er in der Tanke Kondome und ein bisschen Alkohol zum Lockerwerden kaufen wollte.

Sie könne den Motor ruhig laufen lassen, sagte er mit einem Augenzwinkern, als er aus dem Wagen stieg, er sei gleich wieder zurück. Dass er allerdings so schnell wieder zurück sein würde, damit hatte Natalie nicht gerechnet. Als sie das nächste Mal aufblickte, kam er mit blutender Nase aus der Tankstelle gerannt und hechtete zu ihr in den Wagen. »Schnell, fahr los!«, brüllte er sie an.

Was zur Hölle war in den letzten dreißig Sekunden geschehen? Völlig verwirrt tat sie wie befohlen. »Dein Kumpel war wohl nicht sonderlich gut auf dich zu sprechen«, meinte sie noch, was der Mann in Jeans bestätigte: »Der spinnt.« Und das war alles, was er zu dem Vorfall sagte, bevor er sich das angebotene Taschentuch unter die Nase drückte. Irgendwie fand Natalie das Ganze sogar ein bisschen aufregend und malte sich aus, den jungen Mann im Anschluss gut zu »verarzten«.

Aber daraus wurde nichts. Als sie in einem abgelegenen Industriegebiet vor der Kfz-Werkstatt anhielt, bot er ihr nicht mal den heiß ersehnten Kaffee an. Noch ehe sie etwas sagen konnte, hatte der Jeansmann sich auch schon dafür bedankt, dass sie ihn nach Hause gebracht hatte, und konnte gar nicht schnell genug aus dem Auto herauskommen. Der ganze Abend nebst rasanter Heimfahrt für Nichts? Eine bis dahin nicht gekannte Mischung aus Enttäuschung und Verwirrung machte sich in ihr breit, war sie es doch gewohnt, dass die Männer sie anflehten, nach dem Date noch gemeinsam einen Kaffee zu trinken.

Gut, vielleicht war er nach der blutigen Auseinandersetzung mit seinem Kumpel von der Tanke nicht mehr so in Stimmung und hatte einfach keine Lust auf das, was Natalie ihm mit dem roten Kleid so deutlich signalisiert hatte. Vielleicht steckte unter der rauen Schale ein weicher Kern, und sie müsste ihm ein bisschen auf die Sprünge helfen. Für einen Moment überlegte sie sogar, ihm als kleines Trostpflaster ein Selfie von dem zu schicken, was sie unter ihrem roten Kleid trug.

Doch so weit sollte es an diesem Abend nicht mehr kommen. Kaum dass sie in die heimische Einfahrt eingebogen war, wurde sie von hellem Scheinwerferlicht geblendet, und mehrere uniformierte Polizeibeamte zerrten sie unter vorgehaltener Waffe aus dem Auto. Dann klickten die Handschellen. »Sie sind vorläufig festgenommen«, hörte Natalie einen der Beamten sagen, der eine Maschinenpistole auf sie richtete. Nicht etwa ihr Date, sondern eine recht unsensible junge Polizistin sollte an diesem Abend erfahren, was sie unter ihrem roten Kleid trug, als sie Natalie einer peinlich genauen Leibesvisitation unterzog. Anschließend wurde sie unsanft abgeführt und aufs Polizeipräsidium gebracht.

Als sie im Verhörzimmer den beiden Beamten gegenübersaß, die sie ganz im Stile »Guter Bulle – Böser Bulle« befragten, drängte sich ihr die Frage nach dem Warum auf. Offenbar hielten die Kommissare sie für eine Kriminelle. Jedenfalls unterstellten sie ihr mehrfach, ganz genau zu wissen, warum sie heute Abend hier sei. Sie werde die nächsten Jahre ohnehin in einer Zelle verbringen, es gehe nur noch darum, wie lange. Sie solle besser reden!

Erst als sie den Beamten immer wieder den Ablauf des vergangenen Kinobesuchs mit dem tätowierten Kfz-Mechaniker geschildert und ihnen den gesamten Chatverlauf auf *LoveRadar* vorgelegt hatte, ging den Beamten ein Licht auf. Denn anders als die Polizisten zunächst angenommen hatten, war sie keineswegs die Komplizin des gesuchten Tankstellenräubers in Jeans.

Den wahren Täter konnte die Polizei dank der Dating-App, die Natalie auf ihrem Handy installiert hatte, in einer nahe gelegenen Spielhalle orten und dingfest machen. Es war nicht das erste Mal, dass er mithilfe der Dating-App Fluchtfahrzeug nebst Fahrerin organisiert hatte und mit den ahnungslosen jungen Frauen auf Raubzug gegangen war. Der einschlägig vorbestrafte Jeansmann gab sofort alles zu – wenigstens diesen Anstand besaß er.

Was Natalie allerdings an diesem Abend unter ihrem

Kleid trug, sollte der Räuber trotz seines reumütigen Geständnisses nicht mehr von ihr erfahren. Und auch von *LoveRadar* hatte sie die Nase gestrichen voll.

LOVE SUPREME

Zuerst hatte sie es für ein Hirngespinst gehalten, dass sie von wildfremden Leuten angestarrt wurde, denn es gab keinen nachvollziehbaren Grund dafür: Weder kleidete sie sich ausgefallen oder verhielt sich seltsam, noch war sie für irgendetwas bekannt oder gar berühmt. Ihr Leben verlief in geordneten Bahnen, und als Wirtschaftsmathematikerin, die im Innendienst einer großen Versicherungsgesellschaft arbeitete, stieß sie bei ihren Mitmenschen auf wenig Interesse. Just in der Firmenkantine war es kürzlich zu dem ersten Vorfall gekommen. Ein besonders schmieriger, abgehalfterter Typ aus dem Außendienst hatte sie vom Nebentisch aus ziemlich unverschämt angestarrt und sich mit seinen nicht minder schmierigen Kollegen offenbar köstlich über sie amüsiert. Spätestens als er mit einem verdammt dummen Grinsen an ihr vorbeischarwenzelt war und ihr unter dem Gejohle seiner Kollegen mit einem unverschämten Lachen »Hey, sexy Susi« zugerufen hatte, war ihr klar geworden, dass sie sich auch die Blicke in der U-Bahn, im Bus, im Supermarkt und neulich bei McDonalds nicht eingebildet hatte.

Sie fing an, ernsthafter darüber nachzudenken, warum sich die Menschen in ihrer Gegenwart seit einiger Zeit so merkwürdig verhielten. Vielleicht steckten ihre Freundinnen dahinter und hatten ihr einen Streich gespielt, von dem sie nichts wusste? Zugetraut hätte sie es ihnen. In ihrer Clique waren sie alle ein bisschen verrückt. Andererseits: Wie sollten ihre Freundinnen schon dafür sorgen, dass wildfremde Leute sie auf der Straße anstarrten. Als ihr dann kurz nach diesem Zwischenfall ein junger Teenager unter Anwendung einer obszönen Geste »Sexy Susi ich liebe dich!« zurief und die Gruppe halbstarker Schüler um ihn herum in lautes Gelächter ausbrach, bestand für sie kein Zweifel mehr: Irgendetwas stimmte nicht.

Sie hieß nicht mal Susi, sondern Simone. Wieso aber hatten sowohl der schmierig-sexistische Außendienstler als auch der frech-forsche Schüler sie sexy Susi genannt? Ein eiligst einberufenes Krisentreffen mit ihren Freundinnen bestätigte ihr, was sie schon geahnt hatte: Ihre Freundinnen hatten nichts damit zu tun. Hatte sie eine Doppelgängerin?

Eine Online-Recherche brachte Licht ins Dunkel: Auf diversen Amateur-Pornoseiten stieß Simone auf Videos, in denen sie selbst beim Sex zu sehen war – nur dass sie auf diesen Seiten offenbar unter dem Pseudonym »Sexy Susi« bekannt war. Die Aufnahmen waren teils arg verwackelt, aber dennoch sehr explizit. So explizit, dass sie fast schon medizinischen Charakter hatten. Das Schlimmste aber war: Die Kamera zeigte immer wieder und ganz eindeutig Simones Gesicht. »Sexy Susi Video 1« lautete der Titel des schmuddeligen Machwerks, das weit über 200 000 Views zählte. Eine weitere Aufnahme war schon bei 120 000

Views. Sexy Susi hatte anscheinend eine stark wachsende Fangemeinde, unter ihnen auch der schmierige Außendienstler, der jedes einzelne Video ausgiebig kommentiert hatte.

Die Pornofilmchen im Internet mussten erst kürzlich aufgenommen worden sein. In den Videos war Simone blond, und sie hatte sich die Haare erst vor einem halben Jahr nach der Trennung von ihrem Freund gefärbt. Das schränkte den Kreis der Verdächtigen von vornerein ein, und obwohl sie in der letzten Zeit kein Kind von Traurigkeit gewesen war, kam sie nach einigem Überlegen zu dem Schluss, dass nur Thomas für diese Schweinerei verantwortlich gewesen sein konnte. Vor etwa zwei Monaten hatte sie ihn über die Dating-App *AfterWorkers* kennengelernt. Sie hatte sich einige Male mit ihm getroffen und von Zeit zu Zeit mit ihm geschlafen. Je länger sie darüber nachdachte, desto sicherer war sie sich: Das Schwein hatte sie heimlich beim Sex gefilmt. Abgesehen von ein paar One-Night-Stands und Sex mit dem Ex, hatte sie seit der Trennung mit keinem anderen Mann mehr als einmal geschlafen – im Internet kursierten aber bereits vier Sexy-Susi-Videos. Sie musste also keine Mathematikerin sein, um sich auszurechnen, wer dahintersteckte.

Ohnehin war Thomas ein bisschen schräg gewesen. Zunächst hatte er schüchtern, fast schon verklemmt gewirkt, dann aber schon zu ihrem zweiten Date diverse Sextoys mitgebracht. Thomas' Vorstoß mit den Sextoys fand sie damals gar nicht so schlecht, die meisten Männer, die Simone kannte, waren in dieser Hinsicht eher fantasielos. Insbesondere die Hightech-Liebeskugeln, die sie per App auf ihrem Smartphone in verschiedenen Stärken vibrieren lassen konnte, hatten es ihr damals angetan. Jetzt war Simone klar, dass Thomas offenbar noch ein bisschen mehr Hightech-Ausrüstung dabeigehabt haben musste. Dafür würde er büßen!

Simone ging zur Polizei. Und die fackelte nicht lange, denn was Thomas Simone angetan hatte, war in mehrfacher Hinsicht strafbar. Beides, das Aufnehmen des pornografischen Materials und die Verbreitung im Internet, ohne Simones Einverständnis einzuholen, sind keine Kavaliersdelikte. Digitale Daten hinterlassen Spuren, und die ermittelnde Staatsanwältin war sich sicher, dass man auf Thomas' Computer schnell fündig werden würde. Sie beantragte einen richterlichen Durchsuchungsbeschluss, der zwei Tage später in den frühen Morgenstunden durch ein mobiles Einsatzkommando der Polizei vollstreckt wurde.

Der Polizei gegenüber gab sich Thomas allerdings ziemlich überrascht. Auf die Frage der Polizisten, mit welchem Gerät er die heimlichen Sexfilme von Simone aufgenommen hatte, gab er sich gänzlich unwissend, selbst dann noch als die Polizisten ihm drohten, seine Bude zu »zerlegen«, wenn er nicht kooperierte.

Aber auch die Auswertung sämtlicher beschlagnahmter technischer Geräte ergab keine Hinweise darauf, dass Thomas irgendwelche Pornofilmchen von Sexy Susi produziert, besessen oder hochgeladen hatte. Und schlimmer noch: Ein fünftes Video von Simone tauchte im Internet auf. Es zeigte sie im nagelneuen Bademantel von Victoria's Secret, den sie sich eine Woche nach Anzeigeerstattung gekauft hatte, eine Woche nach der Durchsuchungsaktion in Thomas' Wohnung.

Wenngleich das Video sie nicht beim Sex zeigte, setzte die Veröffentlichung dieses Videos Simone mehr zu als die anderen: Es zeigte sie in einem intimen Moment, in dem sie sich gänzlich unbeobachtet geglaubt hatte. Ausgerechnet im Takt des Songs »Love Supreme« von Robbie Williams hatte sie sich ausgezogen. Es kränkte sie weniger, dass die Aufnahme sie nackt zeigte – sie mochte ihren Körper, und es gefiel ihr, nackt zu sein –, vielmehr traf es sie, dass jemand hinterhältig in ihre Privatsphäre eingedrungen war.

Gemeinsam mit ihren Freundinnen analysierte sie das Video, um dem unbekannten Täter endlich auf die Schliche zu kommen. Sah man sich die Perspektive der Aufnahme genauer an, musste sie jemand durch das Fenster hindurch gefilmt haben, während sie sich bettfertig machte. Aber wie war das möglich? Simone wohnte im zweiten Stock. Der Täter hätte entweder die Hauswand hochklettern müssen – oder er konnte fliegen.

Wieder erstattete Simone Anzeige, diesmal gegen Unbekannt. Doch der zuständige Kommissar reagierte deutlich verhaltener auf ihre Anzeige als zuvor. Zwar glaubte er Simone und wollte ihr auch gerne helfen, er wusste nur nicht wie. Die diensthabende Staatsanwältin war nach der erfolglosen Hausdurchsuchung bei Thomas ziemlich wütend gewesen. Ohne handfeste Beweise, das hatte sie dem Kommissar klargemacht, brauchte er gar nicht erst versuchen, ihr einen Verdächtigen zu präsentieren. Das Schlimmste für Simone war, dass die Staatsanwältin zudem Zweifel an ihrer Glaubwürdigkeit geäußert hatte.

Vielleicht hatte Simone bei der Anzahl ihrer Liebhaber ge-
flunkert, und ein anderer ihrer Lover hatte die Aufnahme
erstellt – vielleicht hatte sie die Aufnahmen gar selbst veröffentlicht? Schließlich war nur sie selbst auf den Videos
zu sehen, und Sexy Susis wachsende Berühmtheit vielleicht sogar ein gutes Motiv? Simone war fassungslos.

Als dann eine Woche später ein sechstes Video von Sexy
Susi im Netz auftauchte, sollte der Spuk endlich ein Ende
haben. Für Simone war es das bisher schlimmste Video:
Es zeigte, wie sie sich selbst befriedigte. Deutlich war zu
sehen, wie Simone sich etwas in die Vagina einführte, und
zwar aus der Perspektive des eingeführten Gegenstandes!
Die Kamera musste also an dem Gegenstand selbst angebracht sein, mit dem sie sich in dem Video genüsslich befriedigte. Mit einem Mal war ihr alles klar: Es mussten die
Liebeskugeln sein, die Thomas ihr großzügig überlassen
hatte! Eine Internet-Recherche zu dem Produkt bestätigte
ihren Verdacht. Bei den Liebeskugeln handelte es sich um
ein Sexspielzeug, das sich vor allem an Paare in Fernbe-
ziehungen richtete. Mit der entsprechenden App ließen
sich die technisch ausgeklügelten Kugeln nämlich nicht
nur aus der Ferne zum Vibrieren bringen, es standen auch
diverse weitere Funktionen zur Verfügung, darunter eine
in die Kugeln integrierte Kamera.

Eine vom ermittelnden Kommissar und der zuständigen
Staatsanwältin umgehend beauftragte kriminaltechnische
Untersuchung brachte dann endlich Licht ins Dunkel: Aufgrund eines werkseitigen Versehens waren die Hightech-
Liebeskugeln so programmiert, dass sie die mit der Kamera aufgezeichneten Daten automatisch per WLAN auf
den öffentlichen Server des Erotikartikelherstellers über-

trugen. Von dort aus waren die Daten für jedermann abrufbar. Wer allerdings die unfreiwillig entstandenen Videos von Simone auf die einschlägigen Erotikseiten hochgeladen hatte, noch dazu mit dem Pseudonym »Sexy Susi«, ließ sich nicht ermitteln.

Immerhin zeigte sich der japanische Hersteller der Liebeskugeln einigermaßen einsichtig. »Ohne Anerkennung einer Rechtspflicht« überwies er Simone eine Entschädigung in Höhe von 50 000 Euro.

Und die pragmatisch veranlagte Simone machte das Beste daraus: Da sie nun ohnehin schon einen zweifelhaften Bekanntheitsgrad als Sexy Susi erlangt und mittlerweile Fans auf der ganzen Welt hatte, hängte sie ihren Schreibtischjob an den Nagel und beschloss, weitere Videos von sich zu veröffentlichen, diesmal in Eigenregie und natürlich gegen Entgelt.

Nur an ihren größten Erfolg konnte sie nie wieder anknüpfen: Der Clip mit Simones Showeinlage zu »Love Supreme« ist mit weit über zwei Millionen Views bis heute der mit Abstand meist geklickte ...

DAS SEXTE GEBOT ────────────────────────────

Es sei sein Fetisch, da könne er nichts machen, sagte der Angeklagte am Ende reumütig zum Richter. Alles habe mit »Nonne Martha« angefangen. Nonne Martha, so stellte sich im Laufe der weiteren Gerichtsverhandlung heraus, war eigentlich keine Nonne, sondern eine Domina, die der Angeklagte auf einer Webseite im Internet gefunden hatte. Dort bot sie – ausgerüstet mit Peitsche, Glockenstrick und gewandet in ein Nonnenkostüm – ihre Dienste an. Daneben hatte Martha ein Holzkreuz im Angebot, an das sie sündige Kunden fesselte oder sie wahlweise mit echten Stahlnägeln daran festnagelte. Auch einen Beichtstuhl der ganz besonderen Art nannte sie ihr Eigen. Anstelle eines Polsters war auf der Sitzfläche ein Nagelbrett angebracht. Für besonders renitente Sünder gab es ein kleines Loch im Holz, durch das der Sünder seinen Penis stecken musste, wonach er von Nonne Martha in einen eigens konstruierten Schraubstock gequetscht wurde, der sich nach Belieben enger schrauben ließ. Je sündiger der Kunde, desto fester schraubte Nonne Martha die Eisenzwinge zusammen.

Dieser Beichtstuhl habe es ihm angetan, erklärte der Angeklagte, aber auf Dauer sei ihm die ganze Sache doch zu schmerzhaft geworden, und andere Leistungen bot Nonne Martha aus Prinzip nicht an. Dominas seien keine Prostituierten, habe sie ihn in gewohnt herrischem Ton angeblafft, als er sie höflich darum gebeten hatte, seinen Penis in dem hölzernen Loch zu verschonen und ihn doch lieber einer sanfteren Behandlung bis zum Samenerguss zu unterziehen. Was das betraf, kam der Angeklagte bei Nonne Martha nicht auf seine Kosten, denn mit Sperma wollte sie nichts zu tun haben. Zwar war es den Kunden erlaubt, während der »heiligen Prozeduren« zu onanieren, ejakulieren mussten sie aber in einen bereitstehenden goldenen Kelch, den der Kunde im Anschluss austrinken und säubern musste. Immerhin gab Nonne Martha noch einen kleinen Schluck Messwein mit in das güldene Gefäß.

Um es kurz zu machen: Der Angeklagte und sein »kleiner Messdiener« wollten irgendwann auch mal in den Genuss einer schmerzfreien Behandlung kommen, den Beichtstuhl aber auch nicht missen. Und so war er auf die Idee gekommen, sich auf der Dating-App *Gender* anzumelden. Dass sein dort angegebener Beruf eine derart positive Reaktion zur Folge haben würde, hätte er sich aber nicht erträumt. Zu ihm als Pfarrer hatten die datingwilligen Frauen wohl besonders schnell Vertrauen gefasst. Fast alle waren schon nach wenigen Chat-Nachrichten bereit gewesen, sich mit ihm in einem Gasthaus nahe der Kirche zu treffen. Dort hatte er den Frauen, die zwischen achtzehn und sechzig Jahre alt waren, auch offen gestanden, dass er aufgrund des strikten Zölibats sehr einsam sei, aber selbst als Mann Gottes gewisse Bedürfnisse habe. Und so war dann eins zum anderen gekommen – auch das mit dem Sex in der Kirche.

Natürlich gab es in der besagten Kirche einen Beichtstuhl. Und der war deutlich bequemer als der von Nonne Martha, wenngleich er mit einer identischen Aussparung auf Schritthöhe aufwartete, die der genderfreudige Pfarrer mit einer Handsäge heimlich ausgesägt hatte. Um sich beim Einführen seines Geschlechtsteils nicht an Holzsplittern zu verletzen, hatte er das Loch sogar mit Schleifpapier einigermaßen glatt geschliffen. Und auch wenn jetzt schon klar sein dürfte, was er in der Kirche am liebsten getrieben hatte, ersparte es ihm der Richter nicht, eine detaillierte Schilderung der Vorgänge abzugeben, die ihn schlussendlich auf die Anklagebank gebracht hatten:

Gewiss habe es etwas Überzeugungsarbeit gekostet, den Frauen seinen Fetisch schmackhaft zu machen, schilderte der Angeklagte mit Blick auf den Boden. Trotzdem seien ihm seine Gender-Dates letztlich freimütig zum Beichtstuhl gefolgt, um darin Geschlechtsverkehr zu haben. Er könne sich jedenfalls an keine erinnern, die am Ende nicht doch bereit gewesen wäre, auf der Seite der Sünderin Platz zu nehmen – und es mussten insgesamt sehr viele gewesen sein. Immerhin hatten den polizeilichen Ermittlungen zufolge rund 400 Frauen allein auf der Dating-App *Gender* Kontakt zu dem liebeshungrigen Pfarrer gehabt.

Doch so erfolgreich die ganze Sache für den Pfarrer anfangs auch gelaufen sein mochte – Gotteshäuser sind für alle da, und hin und wieder verirren sich auch treue, meist etwas ältere Schäfchen dorthinein. Es war wohl doch ein wenig zu kühn gewesen, dass er seine »Beichte« eines schönen

Tages auf einen Wochentag legte, noch dazu auf den, an dem Ulrike Traugott, eine engagierte Kirchgängerin, sich seit jeher um die Vorbereitungen für den wöchentlichen Gottesdienst kümmerte. Es war nur ihrer stets keuschen Lebensführung und ihrer sexuellen Unerfahrenheit geschuldet, dass ihr Herz den Zwischenfall unbeschadet überstand. Ausgerechnet während sie die abgebrannten Kerzen am Opferstock auswechselte, vernahm sie an besagtem Nachmittag alarmierende Geräusche aus dem Beichtstuhl, die sie für ernste Atembeschwerden ihres hochverehrten Pfarrers hielt. Als gute Christin eilte sie natürlich sofort herbei, um das Leben von Hochwürden zu retten. Dementsprechend groß war der Schreck, als sie dort nicht das erblickte, was sie erwartet hatte.

Abgesehen davon, dass der Mann, der da im Beichtstuhl stand, nicht in Not zu sein schien, hatte er dort auch schlichtweg nichts verloren. Beichttag war eigentlich donnerstags, und der Mann, der sich bei *Gender* als Pfarrer ausgab, war natürlich kein Mann Gottes, schon gar nicht der Pfarrer der St. Marien Kirche – das war nämlich Monsignore Mayer. Auch dass der Hochstapler ein Priestergewand trug, das nicht einmal ansatzweise der Dienstkleidung eines katholischen Pfarrers entsprach, bemerkte die in liturgischen Dingen sehr bewanderte Ulrike. Ihr war sofort klar: Hier stimmte etwas nicht. Der Mann im Beichtstuhl musste ein »Zigeuner« sein, der sich dort versteckt hatte, um nach Einbruch der Dämmerung die versilberten Kerzenständer des Hochaltars zu stehlen – so zumindest die Vermutung der rüstigen Dame. Schnurstracks lief sie zu einer der wohl letzten Telefonzellen Deutschlands direkt neben der Kirche und alarmierte die Polizei.

Dass der Penis des *Gender*-Pfarrers im Moment der Entdeckung noch in dem Loch in der Holzwand des Beichtstuhls und dahinter in einer Person steckte, hatte Ulrike gar nicht bemerkt – wie gesagt, sie war nur Gott in treuer Liebe ergeben.

Die Polizei war erstaunlich schnell am Tatort und in Liebesdingen deutlich aufgeklärter als Ulrike: Aufgrund der Funde in den routinemäßig kontrollierten Taschen des falschen Pfarrers, in denen sich neben Gleitgel und Kondomen auch noch eine Schachtel Viagra befunden hatte, unterzogen die Beamten auch den Beichtstuhl einer gründlichen Untersuchung. Das ausgesägte Loch und die Spermaflecken auf der einen Seite der Holzwand ließen wenig Raum für Spekulationen. Hier war kein Dieb am Werk, sondern ein routinierter Kirchenschänder. Und solche Schweinereien sind natürlich strafbar. Gemäß dem eher selten angewandten § 167 Strafgesetzbuch wird sogenannter »beschimpfender Unfug« mit einer Freiheitsstrafe von bis zu drei Jahren geahndet – begeht man diesen »Unfug« dann auch noch bis zu vierhundert Mal, kommt einiges an Strafe zusammen. Den bayerischen Dorfpolizisten war die Strafnorm zwar nicht bekannt, aber dass es sich hier um eine Sauerei handelte, war ihnen klar. Das eingeschnitzte Loch in der Holzwand des Beichtstuhls und die sexuellen Handlungen waren nach kirchlichen Maßstäben ein schweres Sakrileg, das deutsche Strafrecht bestraft Beschädigungen in Kirchenhäusern deshalb besonders schwer – schließlich hat ein Gotteshaus für Gläubige einen hohen ideellen Wert.

Was genau es mit dem »beschimpfenden Unfug« auf sich hat, darüber mag man streiten: Die Vorgehensweise des falschen Pfarrers war nach Ansicht des katholischen Amtsrichters jedenfalls eindeutig unter diesem Begriff einzuordnen.

Dass sich der vorläufig festgenommene *Gender*-Pfarrer dann auch noch ausgerechnet als Ethik-Lehrer einer benachbarten Gemeinde entpuppte, sollte allerdings sein Schaden nicht sein: Denn der Titel »Pfarrer« unterliegt – anders als der des Arztes oder Anwalts – keiner gesetzlich geschützten Berufsbezeichnung, und auf der *Gender*-App schien der Pfarrersberuf für besonders reges Interesse bei der Damenwelt zu sorgen, die 400 Matches sprachen für sich. Ohnehin scheinen Frauenherzen deutlich höherzuschlagen, wenn ein Mann auf seinem Online-Dating-Profil einen extravaganten Beruf angibt. Stimmt der Beruf, ist den Nutzerinnen auch das Aussehen eines Mannes oft nicht mehr so wichtig – so geht es aus einer Auftragsstudie einer anderen bekannten Dating-App hervor. Ist der Online-Mann Kinderarzt, braucht er also nicht mal mehr ein Profilbild. Auch Scheidungsanwälte stehen in der Gunst von Frauen offenbar weit oben, angeblich weil sie ganz besonders treu sind. Doch »Pfarrer« scheinen alles zu toppen.

Ein Jahr und sechs Monate Gefängnis auf Bewährung lautete schließlich das Urteil des Richters, das er unter dem großen Holzkreuz des Gerichtssaales verkündete und an das er folgende Auflage knüpfte: Für einen Zeitraum von drei Jahren durfte sich der Verurteilte der St. Marien Kirche nebst Beichtstuhl nicht mehr nähern.

Der falsche Pfarrer nahm das Urteil schweigend und voller Demut hin. Ob er sich weiterhin als Pfarrer oder

Pastor ausgibt, ist nicht bekannt. Allerdings erschütterte ziemlich genau drei Jahre nach der Geschichte um den *Gender*-Pfarrer ein weiterer Skandal die altehrwürdige St. Marien Kirche: Ausgerechnet der sorgsam restaurierte und von Monsignore Mayer geweihte Beichtstuhl wurde eines Nachts entwendet. Im Lokalteil der Zeitung hieß es, die Polizei schließe ein Verbrechen nicht aus.

DER HAUSBESUCH

Sie schlief bereits tief und fest, als der Mann sich über die Terrassentür Zutritt zum Haus verschaffte und nach oben in ihr Schlafzimmer schlich. Sie wachte erst auf, als er sie schroff an den Haaren packte und ihr mit der anderen Hand den Mund zuhielt. War es ein Albtraum oder Wirklichkeit? Ehe sie sichs versah, holte der vollständig in Schwarz gekleidete und maskierte Mann vier Seile aus seinem Rucksack und fesselte sie mit routinierten Bewegungen an die klobigen Pfosten des Eichenholz-Bettes. Spätestens jetzt war ihr klar: Das war ein wahr gewordener Albtraum. Natürlich wehrte sie sich. Sie strampelte mit den Beinen, sie schlug um sich, versuchte zu beißen und zu kratzen. Doch es half alles nichts, der Angreifer war stärker. Mit seinem vollen Körpergewicht setzte er sich auf sie und hielt sie fest, schien sich nicht einmal merklich anstrengen zu müssen. Sie schrie so laut sie nur konnte. Doch hier draußen, in der idyllisch gelegenen Villa, in die sie erst vor knapp einem Jahr mit ihrem Mann eingezogen war, würde sie niemand hören. Die brutalen Ohrfeigen, die der Maskierte ihr links und rechts verpasste, schienen zu unterstreichen, dass auch er das sehr genau wusste. Und so versuchte er auch gar nicht weiter, ihr den Mund zuzuhalten oder sie zu knebeln.

Irgendwann verließen sie die Kräfte und ihre Muskeln erschlafften, er war ihr körperlich überlegen. Mit den Händen überkreuz und den Beinen weit gespreizt lag sie unter ihm. Er kniete sich auf ihre Arme, beugte sich hinunter zu ihrem Gesicht, so nahe, dass sie seinen Atem spüren konnte, und zog ein Messer aus dem Gürtel. Trotz der Dunkelheit konnte sie die glänzende Klinge deutlich erkennen. Für einen schier endlos langen Moment sah er ihr einfach nur in die Augen – ohne ein Wort zu sagen – und drückte ihr das Messer mit der ungeschliffenen Kante an den Hals. Kein Blinzeln, kein Zucken. Sie schnappte nach Luft. Noch immer lastete das volle Körpergewicht des Angreifers auf ihrem Brustkorb und erschwerte ihr das Atmen.

Dann ging alles sehr schnell: Mit einem seiner Finger hob er den Träger ihres Nachthemdes an und schnitt ihn mit einer einzigen Handbewegung durch. Dann riss er ihr das Nachthemd vom Leib. Er musterte ihre nackten Brüste, ehe er mit der ungeschliffenen Klingenseite des Messers begann, langsam über ihre Brustwarzen zu streichen. Jede ihrer Brustwarzen nahm er abwechselnd zwischen Daumen und Klinge, drückte sie leicht zusammen, hob sie an und ließ sie wieder zurückschnellen. Das wiederholte er so lange, bis ihre Brustwarzen hart waren. Keiner von beiden sagte ein Wort. Es schien fast so, als würden sie beide überlegen, was als Nächstes passieren würde.

Die trügerische Stille wurde durch das Geräusch reißender Kleidung unterbrochen. Mit einem raschen Griff an den Bund ihres Slips, riss er ihr das Stück Stoff binnen des Bruchteils einer Sekunde herunter. Sie lag entkleidet und mit gespreizten Beinen vor ihm. Offenbar hatte der Mann Erfahrung, schoss es ihr durch den Kopf, während er sich erneut von ihr abwendete, um irgendetwas in seinem mitgebrachten Rucksack zu suchen.

Was es auch war, womit er ihr über das Bein nach oben strich, es fühlte sich kalt an. Kaum war er ihr damit über den Venushügel gefahren, ließ er es auf der anderen Seite des Beines wieder hinuntergleiten. Ihre Handgelenke und Fußknöchel pulsierten unter dem Druck der Seilschlingen immer schmerzhafter. Sie schloss die Augen, um sich an einem Gedanken festzuklammern: »Es ist sicher alles gleich vorbei.«

Doch weit gefehlt. Nachdem er mit dem undefinierbaren Gegenstand einige Male über Unter- und Oberschenkel hin zu ihren Innenschenkeln und wieder zurück zu ihren Fußsohlen gefahren war, träufelte er ihr eine ölige Flüssigkeit auf den Bauch. Einiges davon sammelte sich in ihrem Nabel. Dann rollte er den Gegenstand über ihren Bauch, um ihn mit der Flüssigkeit zu benetzen, und bewegte ihn dann langsam zwischen ihren Schamlippen hin und her. Erneut beugte sich der Mann zu seinem Rucksack hinunter und holte etwas daraus hervor. Er fuhr ihr mit der Hand durch die schulterlangen Haare, wickelte sie sich um die Hand, packte fest zu und zog sie an den Haaren nach oben, um ihr mit einem langen, schwarzen Schal die Augen zu verbinden. Eigentlich hätte er sich das sparen können, denn die Augen hielt sie weiter fest verschlossen. Sie wollte ihn nicht sehen, sie wollte nicht sehen, wie er sie quälte.

Wenig später spürte sie raue Bartstoppeln an den Innenschenkeln und seine Zunge an ihrer Scheide. Er musste die Maske abgenommen haben. Mit kreisenden Bewegungen ließ er seine Zunge über ihre äußeren Schamlippen wandern, um dann hin und wieder mit kurzen, ruckartigen Bewegungen mit der Zunge in sie einzudringen. Dann führte er ihr einen Finger in den Anus ein. Wie lange dauerte es schon? Ihr Handy lag keine dreißig Zentimeter neben ihr auf dem Nachtschrank, doch mit gefesselten Armen war es für sie unerreichbar. Müsste ihr Ehemann nicht längst zurück sein? Er kam selten nach ein Uhr morgens vom Dienst nach Hause. Oder täuschte sie sich, und es war noch nicht so spät?

Der Stoppelbart und die Zunge waren mittlerweile bei ihren Brüsten angelangt. Mal knetete der Mann sie, mal biss er ihr abwechselnd in die Brustwarzen. Es war schmerzhaft. Hin und wieder schlug er mit der flachen Hand an die Seite ihrer Brüste. Dann legte er sich auf sie. Sie konnte seinen erigierten Penis durch seine Hose hindurch am Oberschenkel spüren. Die Knöpfe seiner Hose drückten sich unangenehm in ihren Oberschenkel, während er sich an ihr rieb. Sie versuchte, das Bein in der festgezurrten Schlaufe des Seils zu drehen. Es war ein fast schon erlösendes Gefühl, als sich ihr Peiniger kurze Zeit später wieder aufsetzte. Sie hörte das Geräusch einer Gürtelschnalle. Dann folgte das dumpfe Klicken der aufspringenden Knöpfe seiner Jeans.

Wieder setzte er sich auf sie und legte ihr seinen erigierten Penis zwischen die Brüste und zog sie etwas auseinander, sodass sein Penis auf ihrem Brustbein lag. Dann presste er ihre Brüste fest aneinander und rieb seinen Penis mit stoßenden Bewegungen zwischen ihnen hin und her.

Mit Daumen und Zeigefinger drückte er ihre Wangen zusammen, wodurch sie unter Schmerzen den Mund öffnete. Sie spürte, wie er ihr mehrere Finger in den Mund schob, ihre Zunge umfasste, daran zog, sie zwischen den Fingern knetete, um dann im Inneren ihres Mundes an den Wangen entlangzufahren und fest dagegenzudrücken. Dann schob er ihr seinen Penis in den Mund, rücksichtslos, bis zum Anschlag. Er stöhnte – am lautesten, als er ihr in den Mund ejakulierte.

Kurz darauf ließ er von ihr ab. War es vorbei? Dann könnte der Eindringling noch verschwinden, ehe ihr Ehemann nach Hause käme. Nicht auszudenken, was passieren würde, wenn die beiden sich begegneten.

Aber ihr Peiniger dachte nicht daran, zu gehen. Wieder hörte sie ihn in seinem Rucksack kramen. Dann konnte sie deutlich das Geräusch von sich dehnendem Gummi hören. Ohne Vorwarnung drang er in sie ein. Als sie aufschrie, versetzte er ihr unvermittelt zwei Ohrfeigen. Sie roch seinen Atem, sie spürte seine Lippen auf den ihren. Seine Lippen waren rau, sein Drei-Tage-Bart kratzte.

Plötzlich hörte sie ein Geräusch, das nicht von ihm kommen konnte. Sie kannte das Poltern nur zu gut. Oft genug hatte sie sich darüber geärgert, wenn ihr Mann spät nachts nach Hause gekommen und sie von den dumpfen, leicht schlurfenden Schritten aufgewacht war, mit denen er die Holztreppe zum Schlafzimmer hinaufzugehen pflegte. Ihr Zeitgefühl hatte sie also doch nicht getäuscht! Ihr Ehemann war nach Hause gekommen, und seine Schritte kamen näher – so wie die Atemzüge des fremden Mannes auf ihr lauter wurden. Wieder stöhnte der Angreifer auf, diesmal noch lauter als beim ersten Mal, als er in ihrem Mund gekommen war. Fast zeitgleich öffnete sich die Türe zum Schlafzimmer.

Zwar ließ der Eindringling schlagartig von ihr ab, doch dann war es für einen Augenblick totenstill. Weder der Vergewaltiger noch ihr Mann sagten ein Wort. Es gab zunächst überhaupt kein Geräusch, keine Bewegungen, kein Handgemenge, keinen Kampf, keine Schritte, gar nichts. Es war einfach nur still.

Nach einer gefühlten Ewigkeit kam Bewegung in die Situation. Es hörte sich an, als würde sich der Mann, der sie eben noch vergewaltigt hatte, in aller Ruhe wieder anziehen. »Schatz, bist du das?«, fragte sie irritiert, auch wenn ihr klar war, wie absurd die Frage klingen musste. Sie erhielt keine Antwort darauf. Alles, was sie ihren Mann sagen hörte, war: »Stimmt so.«

Danach band ihr Ehemann sie in aller Seelenruhe los, erst die Beine, dann die Hände, am Schluss nahm er ihr die Augenbinde ab. Sie öffnete die Augen, und da stand er: der Mann in Schwarz, der sie brutal vergewaltigt hatte. Er stand ohne Maske da und zählte ein Bündel Geld. Geradezu schüchtern lächelte er ihr zu, als sich ihre Blicke trafen.

Sie war fassungslos. Ihr Ehemann war nach Hause gekommen, hatte den Eindringling aber nicht verjagt oder die Polizei verständigt, sondern ihn für seine Tat großzügig entlohnt. Was ging hier vor? Mit einem Mal wurde es ihr klar: Die Vergewaltigung war inszeniert.

Sie wusste nicht, ob sie weglaufen oder schreien, ob sie

auf die beiden Männer losgehen oder sich unter ihrer Bettdecke verkriechen sollte. Sie gab sich selbst die Schuld. Schon oft hatte sie ihrem Mann gegenüber detailreiche Vergewaltigungsfantasien geäußert. Anfangs hatte er ihr diese Fantasien auf ihren Wunsch hin ins Ohr geflüstert. Später dann sollte er selbst Hand anlegen, sich maskieren und mit Handschellen und anderen Utensilien ausgerüstet so tun, als ob er ein Vergewaltiger wäre. Aber ihr wehzutun, das brachte er nicht über sich, und eine sich wehrende Frau turnte ihn eher ab. Gerade das gefiel ihr aber: von der körperlichen Überlegenheit ihres Mannes gebändigt zu werden. Ihm dagegen war es schlicht zu anstrengend, seine Frau erst bändigen zu müssen. Bis er sie unter Kontrolle hatte, hatte er seine Erektion meist wieder verloren – sehr zum Ärgernis seiner Frau. Das Rollenspiel war für beide Seiten also wenig befriedigend.

Jetzt erinnerte sie sich wieder an den Abend zurück, an dem sie bei einem Glas Wein über »Abwechslung im Schlafzimmer« gesprochen hatten, und ihr Ehemann schließlich angeboten hatte, sich im Internet auf »Entdeckungsreise« zu begeben. Nie wäre sie auf die Idee gekommen, dass ihr sonst so zögerlicher Mann, dem man alles fünfmal sagen musste, ausgerechnet in dieser Angelegenheit sofort zur Tat schreiten würde – und dermaßen falsche Schlüsse aus ihren Fantasien ziehen könnte.

Geradezu stolz schilderte er ihr mit treuherzigem Blick, welche Anstrengungen er auf sich genommen hatte, um dieses »einmalige Erlebnis« für sie zu arrangieren. Nach langer Internetrecherche hatte er sich schließlich mit dem Profilbild seiner Frau auf der bekannten Dating Seite »i-Date« angemeldet. Recht unverblümt hatte er dann im Namen seiner Frau nach einem »willigen Hengst« gesucht, der auf SM-Sex und Cuckold-Rollenspiele stand, um seiner Frau zu ermöglichen, ihre Fantasien endlich auszuleben. Erstaunlich viele Männer reagierten auf seine Zuschriften und boten sich als mutmaßliche Vergewaltiger an.

Entschieden hatte er sich schließlich für einen fünfundzwanzigjährigen Barkeeper, der nebenbei als Fitnessmodel arbeitete. Ebenjener Vergewaltiger hatte sich mittlerweile sehr höflich von den beiden verabschiedet. Strafbar gemacht hatte er sich nicht, schließlich hatte der junge Mann nicht wissen können, dass sich die aus seiner Sicht inszenierte Vergewaltigung für sein Opfer ganz anders darstellte.

Ihrem Ehemann konnte die Frau diese übergriffige Aktion nicht verzeihen, und er willigte anstandslos in die Scheidung und alle ihre Forderungen ein. Nur das einsam gelegene Haus überließ sie ihm gerne.

BAD BOYS

Simon saß schon ein halbes Leben lang im Gefängnis: Als Fünfzehnjähriger – kaum strafmündig – war er für einen besonders brutalen, bewaffneten Tankstellenüberfall ins Jugendgefängnis gewandert, was für einen so jungen Ersttäter ungewöhnlich war. Kaum wieder draußen, schloss er sich einer bekannten Rockertruppe an, die im Rotlichtmilieu ihre Strippen zog. Innerhalb kürzester Zeit brachte er es durch sein durchsetzungsfreudiges »Verhandlungsmanagement« zu einem zweifelhaften Ruf, und im Alter von nur zwanzig Jahren handelte er sich eine elfjährige Haftstrafe wegen Totschlags ein. Noch im Knast folgte der nächste Tote: das Gangmitglied einer rivalisierenden Rockergruppe bezahlte einen Angriff auf Simon mit dem Leben. Das Resultat waren weitere fünf Jahre Haftstrafe wegen Körperverletzung mit Todesfolge.

Nach seinem jüngsten Vergehen aber saß Simon jetzt in Isolationshaft, und das, obwohl er noch nicht einmal jemanden verletzt hatte – zumindest nicht körperlich.

Grund für die Isolationshaft war ein ganz besonders findiges Geschäftsmodell, das Simon aus dem Knast heraus auf die Beine gestellt hatte: Über ein ins Gefängnis geschmuggeltes Handy hatte sich der bullige und von Kopf bis Fuß tätowierte Simon bei der sozialen Plattform *Youngsterjam* angemeldet und ein Profil von sich erstellt. Sein Text dort lautete: »Hey Bitches, wenn ihr mal mit einem echten Kerl so richtig Spaß haben wollt: für nur einen Hunni kriegt ihr einen Besuchsschein für einen unvergesslichen Knastbesuch mit mir.«

Und was soll ich sagen, Simons Profilbeschreibung und Profilbild gefielen offenbar nicht nur meiner Mandantin, sondern auch zahllosen anderen Frauen. Siebzehn von diesen hatten laut den Ermittlungsakten den »Hunni« für einen »unvergesslichen Knastbesuch« bei Simon gezahlt.

Simon hatte die Sache wirklich geschickt angestellt. Einmal im Monat war es den Insassen erlaubt, für bis zu drei Stunden Besuch von Angehörigen, Ehepartnern oder Lebensgefährtinnen zu empfangen. Dazu musste der Insasse eine Besuchserlaubnis bei der Gefängnisleitung beantragen und mitteilen, um wen es sich bei dem Besucher handelte. Die Anstaltsleitung prüfte vor allem bei den einsitzenden Rockern sehr gründlich, wer da zu Besuch kam – Drogenkuriere und ehemalige Mittäter waren nicht willkommen. Für die Bewilligung eines Besuchsantrags musste Simon stets persönlich vorsprechen. Für seine *Youngsterjam*-Bekanntschaften erhielt Simon allerdings problemlos eine Besuchsbewilligung. Die jeweilige Kundin tarnte sich mal als Cousine, mal als Ex-Frau, mal als aktuelle Freundin, und die Überprüfung der (zahlungs-)willigen Frauen ergab keine Beanstandungen. Sie selbst waren ja nicht kriminell, sondern wollten einfach nur mit einem Kriminellen »Spaß« haben.

Das Geschäftsmodell war perfekt: Nach Bezahlung des obligatorischen »Hunnis«, den sich die jeweilige Kundin vor der Leibesvisitation am Gefängniseingang in den Büstenhalter oder das Höschen steckte, bekam sie, was sie wollte: harten Sex mit einem noch härteren Rocker, der immerhin schon zwei Menschenleben auf dem Gewissen hatte. Eigentlich eine Win-win-Situation: Die Mädels bekamen den ultimativen Kick, während Simon im Gegenzug mehr Geld verdiente, als er beim wöchentlichen Einkauf im gefängniseigenen Supermarkt ausgeben konnte.

Die Nachfrage nach einem Tête-à-Tête mit dem »schrecklichen Mon«, wie er sich auf seinem *Youngsterjam*-Profil nannte, war gewaltig, und bald konnte Simon sich aufgrund seines exorbitanten Reichtums eine ganze Entourage höriger »Knastis« leisten, die für allerlei Annehmlichkeiten sorgten, um am Ende des Tages mit Zigaretten – der einzig wahren Knastwährung – ausbezahlt zu werden. Fortan musste sich Simon um nichts mehr kümmern. Für einen Tagessold von acht Zigaretten erledigte ein anderer Häftling seine Arbeit in der Gefängniswäscherei für ihn. Auch um genug Kundschaft musste er sich keine Sorgen machen. Ab und an postete er auf seinem *Youngsterjam*-Profil ein angeberisches »Selfie«, begleitet von einem plumpen Kommentar, woraufhin die Mundpropaganda seiner treuen Fangemeinde ihr Übriges dazu tat. Sein Ruf war bald so gut, dass er für die gesamte Dauer seiner Gefängnisstrafe ausgebucht war. Innerhalb von nur wenigen Monaten erhöhte er den Preis seiner Leistung von ehemals einem auf stolze fünf Hunnis. Fortan wählte er aus den Bewerberinnen diejenigen aus, die ihm am meisten zusagten.

Bis zu Simons Haftentlassung hätte es nun munter so weitergehen können, wäre da nur nicht Simons besorgte Mutter gewesen. Da Simon sein gesamtes Besuchskontingent für seinen Damenbesuch verwendete, war die in den letzten Monaten viel zu kurz gekommen. Angesichts Simons schlechtem Stand bei der Justiz witterte sie eine groß angelegte Verschwörung gegen ihren Goldjungen. Schon der hinterhältige Mithäftling, den Simon – natürlich in Notwehr – umgebracht hatte, war ihrer Meinung nach von der Justiz darauf angesetzt worden, ihren Sohn hinterrücks umzubringen. Dass Simon den Angriff überlebt und man ihm weitere fünf Jahre aufgebrummt hatte, passte nur zu gut in dieses Bild. Sie war davon überzeugt, dass die Behörden versuchten, Simon kleinzukriegen, und ihm seine geliebte Big Mama – wie Simon seine füllige Mutter liebevoll nannte – vorenthalten wollten. Seit mittlerweile sieben Monaten teilte man Big Mama am Eingangstor des Gefängnisses mit, dass ihr Sohn die Besuchszeit für den jeweiligen Monat schon »aufgebraucht« habe und sie ihren Sohn deshalb nicht sehen könne. Bei der siebten Abfuhr wurde es Big Mama zu bunt. In einem förmlichen Schreiben an das Justizministerium beschwerte sie sich über die Schikane. Das Justizministerium leitete den Brief zur Prüfung der Angelegenheit an den Gefängnisdirektor weiter.

Den wiederum überraschte Big Mamas Beschwerde nicht sonderlich, schließlich waren über die letzten Jahre so einige Schreiben der streitsüchtigen Mutter bei ihm eingegangen: mal foltere man ihren Sohn mit dem Entzug warmen Wassers – obwohl schlicht die Warmwasserversorgung für den gesamten Zellenblock ein paar Stunden ausgefallen war –, mal serviere man ihm laktosehaltige Milch zum Frühstück, obwohl er doch unter einer ganz besonders schweren Form von Laktoseintoleranz leide, und so weiter und so weiter. Auch in diesem Fall war sich der Direktor keiner Schuld bewusst und teilte Simons Mutter mit, dass ihrem Sohn die Besuchszeiten immer korrekt und in Gänze zugesprochen würden. Gerade sie als Mutter müsse doch verstehen, wie wichtig es für die Häftlinge sei, regelmäßig von der Ehefrau oder der aktuellen Freundin besucht zu werden, schon allein um das »hormonelle Problem« im Gefängnis kleinzuhalten. Eben deshalb verfüge das Gefängnis über einen Besuchsraum für Verheiratete und Lebenspartner, in dem sich neben einer kleinen Sitzecke auch ein Bett nebst Duschgelegenheit befinde – Sie verstehen?

Das ausführliche Schreiben des Gefängnisdirektors überzeugte Big Mama nicht im Geringsten. Alles Lüge und Intrige, schrieb sie erbost zurück und versicherte gleich an Eides statt, dass Simon weder jemals verheiratet gewesen sei noch eine Freundin oder Ex-Freundin habe und schon gar keine Halbschwestern oder Cousinen, deren Namen sich mit denen aus dem Brief des Gefängnisdirektors deckten. Für Big Mama war das Schreiben der ultimative Beweis, mit welcher Dreistigkeit die Gefängnisleitung versuchte, den Willen ihres Sohnes zu brechen. Für den Gefängnisdirektor hingegen war es der ultimative Beweis, dass in seiner Anstalt irgendetwas nicht mit rechten Dingen zuging. Es war für ihn Grund genug, der Sache nachzugehen. Umgehend ordnete er für Simons Gefängniszelle eine unangekündigte Durchsuchung an, bei welcher die Beamten Simons Handy beschlagnahmen konnten. Bei der datentechnischen Überprüfung des Geräts flog dann alles auf. Ob Big Mama damit allerdings ganz im Sinne Ihres kleinen Lieblings gehandelt hatte, bleibt offen. Jedenfalls musste sich am Ende nicht nur Simon für sein lukratives Geschäft verantworten. Auch die siebzehn Frauen, die Simon bisher im Gefängnis beglückt hatte, wurden wegen unerlaubten Verkehrs mit Gefangenen belangt. Und sehr zur Freude von Big Mama kam auch der Direktor der Anstalt nicht ungeschoren aus der Nummer heraus. Er sah sich dem Spott der Kollegen und der Öffentlichkeit ausgesetzt, welche Big Mama natürlich freimütig über die skandalösen Verhältnisse im Gefängnis in Kenntnis gesetzt hatte. Allerdings hatte sich auch Big Mamas Situation nicht sonderlich verbessert, schließlich dürfen Häftlinge in Isolationshaft keinerlei Besuch empfangen.

DAS PERFEKTE DINNER

Ansgar war genau der Typ Mann, den eine Frau sich vorstellt, wenn sie einen Intensivnutzer einer Online-Dating-App vor Augen hat. Er war immer auf der Jagd nach einer schnellen Nummer und sah noch dazu großartig aus, hatte grünblaue Augen, war ein Meter neunzig groß, durchtrainiert, hatte volles blondes Haar und ein unwiderstehliches Lächeln auf den Lippen. Zu allem Überfluss war er auch noch Polizist. Er war der Typ Mann, vor dem Frauen einander warnen, dann aber doch etwas mit ihm anfangen, weil er so verdammt charismatisch und gut aussehend daherkommt.

Tatsächlich wickelte er jede um den kleinen Finger, und selbst wenn unter einem Online-Dating-Profil mal »keine One-Night-Stands« stand, war das für ihn keine echte Hürde. Er ging strategisch vor, investierte in die Bezahlfunktionen diverser Dating-Apps und prüfte dann anhand der freigeschalteten Zusatzfunktionen ab, mit welchen Profilbildern und Profiltexten er die Frauen, auf die er es abgesehen hatte, dazu bringen konnte, ihn zu liken. Das war allerdings das kleinste Problem, schließlich verfügte er über echte Traummann-Qualitäten. Schon etwas kniff-liger gestaltete es sich, eine Strategie zu entwickeln, um mit möglichst wenig Zeitaufwand zum One-Night-Stand zu gelangen. Nach dem Test verschiedener Profilvarianten erwies sich die ehrliche Methode als die wirksamste. Auf seinem Profil präsentierte er drei Fotografien, welche seine Lebensweise und Einstellung recht gut widerspiegelten: eines zeigte ihn in Uniform, eines beim Surfen in knapper Badehose und auf dem Dritten sah man ihn vor seinem getunten BMW.

Sein Profiltext enthielt neben seiner imposanten Körpergröße den dezenten Hinweis, dass er nicht auf der Suche nach einer Beziehung, aber trotzdem äußerst nett und großzügig sei. Auch bei der weiteren Kommunikation erwies sich eine simple Strategie als die beste. Sein Anmachspruch »Hey wie geht's?« gilt zwar zu Recht als maximal fantasielos, aber genau darauf legte Ansgar es an.

Bei seinen zahllosen »Matches« auf diversen Apps konnte er es sich leisten, plump zu sein. Die Frauen, die selbst auf sein langweiliges »Hey wie geht's?« noch mit ihm flirteten, deren Interesse war logischerweise auch recht stark ausgeprägt, und ergo hätte Ansgar leichtes Spiel. Qualität versus Quantität schließen sich eben doch nicht immer aus. Es kommt auch bei schlechtesten Anmachsprüchen nicht darauf an, was oder wie häufig etwas gesagt wird, sondern wer es sagt.

Um seine Dating-Aktivitäten noch zu optimieren und Zeit zu sparen, ließ sich Ansgar von einem technisch versierten Freund ein Programm auf seinem Smartphone installieren, das auf den Dating-Apps alle Frauen im Umkreis von zweihundert Kilometern mit einem »Like« markierte.

Nachdem er all jene, welche seinen Ansprüchen nicht genügten, sofort wieder entfreundet hatte, sandte er den übrigen seinen obligatorischen Anmachspruch.

So kam Ansgar pro Tag mühelos auf gut zehn neue Kontakte, mit denen er sich ein kleines Stelldichein gut vorstellen konnte. Die Hälfte dieser Frauen war schnell dazu bereit, sich mit Ansgar zu treffen, und von einem »unverbindlichen« Treffen bis hin zu einem »Kaffee« in Ansgars Wohnung verging meist nicht viel Zeit.

Ansgar verbrachte kaum noch eine Nacht allein zu Hause. Einige Frauen blieben nur für ein bis zwei Stunden Sex, andere wiederum kosteten das Ansgar-Verwöhn-Programm bis zum nächsten Morgen aus. Immerhin nannte Ansgar in seiner schick eingerichteten Dreizimmerwohnung auch noch ein Klavier sein Eigen, und es kam nicht selten vor, dass eine seiner Bekanntschaften sich nackt auf Ansgars Couch rekelte, um seinem Tastenspiel mit zugegeben stark eingeschränktem Repertoire zu lauschen, ehe man dann recht zeitnah ins Schlafzimmer hinüberwechselte.

Woher ich das alles weiß? Nun, eines Tages suchte mich besagter Ansgar in meiner Kanzlei auf. Zuerst dachte ich, er sei vielleicht ein Versicherungsvertreter, oder dass er sich in der Tür geirrt hatte. Aber Ansgar wollte mir weder etwas verkaufen, noch hatte er sich verlaufen. Tatsächlich hatte er ein handfestes Problem: Bea, eine seiner zahlreichen Bekanntschaften hatte ihn nämlich angezeigt.

Bea war eigentlich in einer Beziehung, hatte sich aber trotzdem auf Ansgar eingelassen. Es musste ja niemand erfahren, dass sie einmal in den acht Jahren Beziehung schwach wurde, und es sollte ja auch nur eine einmalige Sache werden. Dabei war Bea nicht unzufrieden mit ihrem Freund, ihr fehlte schlicht die Abwechslung. Wie in anderen Beziehungen auch, war bei ihr und ihrem Partner der Alltag eingekehrt. Sex hatten sie nur noch selten, und selbst beim allmorgendlichen Toilettengang war es mittlerweile üblich, dass der eine seine Notdurft verrichtete, während der andere gerade duschte oder sich die Zähne putzte.

Der Sex in Beas Beziehung war fast gänzlich eingeschlafen, sodass sie sich nicht mehr groß darum bemühte, für ihren Freund attraktiv zu sein. Um es beim Namen zu nennen: Die Achseln und Beine rasierte sie sich jeden Morgen feinsäuberlich, vor allem dann, wenn sie ein Top mit Spaghettiträgern oder einen kurzen Rock tragen wollte. Ansonsten blieb sie, wie Gott sie geschaffen hatte. Es ergab ja auch wenig Sinn, jeden Morgen auf die Entfernung von etwas Zeit zu verwenden, was ohnehin kaum Beachtung fand, um nicht zu sagen völlig ignoriert wurde. Ihr Freund störte sich offenbar nicht weiter an ihrer Schambehaarung. Wenn sie mal miteinander schliefen, beschwerte er sich jedenfalls nicht darüber. Auch er selbst kultivierte eine recht exzessive Körperhaarkultur.

Bevor sich Bea mit Ansgar auf einen Seitensprung einließ, tauschte sie sich ausführlich mit ihm über ihre sexuellen Vorlieben aus. Sie wollte nichts dem Zufall überlassen. Auf Ansgars Frage, ob sie rasiert sei, räumte sie zögerlich ein, nicht rasiert zu sein, woraufhin er ihr gestand, dass ihn das anturnte. Schließlich gebe es in ihrem Kulturkreis kaum noch Frauen, die ihre Haare untenrum auch mal stehen ließen. Bea fiel ein Stein von Herzen, denn um ihrem Freund gegenüber zu erklären, warum sie sich so plötzlich untenrum rasierte, hätte sie sich schon etwas einfallen lassen müssen.

Ihr Fremdgehen hatte sie sorgfältig vorbereitet, war ähnlich methodisch vorgegangen wie Ansgar. Sie wusste bereits seit einigen Wochen, dass ihr Freund am Tag des geplanten Treffens zu einem Geburtstag ins vierhundert Kilometer entfernte Bochum fahren würde. Auch hatte sie sich gar nicht erst bei einer der namhaften Dating-Apps registriert, sondern auf einer Plattform für sogenannte »Ex-Pats« – einer Seite für Ausländer, die in Deutschland Anschluss suchten. Sie schätzte das Risiko gering ein, auf dieser Plattform von ihren Single-Freunden erwischt zu werden. Außerdem war es ihr ebenso wie Ansgar sehr recht, wenn sie nach einer heißen gemeinsamen Nacht beide wieder ihrer Wege gingen. Um keine Missverständnisse aufkommen zu lassen, hatte sie Ansgar genau das geschrieben und klargestellt, dass sie einen Freund hatte. Wie erwartet, war das kein Problem für ihn. Nach dem Dinner würden sie zu Ansgar gehen, da sie in ihrer Wohnung keine verräterischen Spuren hinterlassen wollte und Skrupel hatte, in dem Bett, das sie sonst mit ihrem Freund teilte, mit einem anderen Mann zu schlafen.

Der Abend mit Ansgar verlief genauso, wie Bea es sich vorgestellt hatte. Das gemeinsame Essen bei einem schicken Asiaten war vorzüglich, und schon auf der Taxifahrt zu Ansgars Wohnung knutschten sie wild auf dem Rücksitz rum. Dort angekommen, ging es gleich zur Sache: Sex in allen denkbaren Varianten – oral, vaginal, anal, und zum Schluss noch ein bisschen Schmusesex in der Missionarsstellung und im Löffelchen. Besonders gut gefiel es Bea, wenn Ansgar sie mit seinen muskulösen Oberarmen fest umschlungen hielt, zudem erwies er sich als ausgezeichneter Küsser. So viel Leidenschaft hatte sie in ihrer Beziehung schon lange nicht mehr erfahren, wenn überhaupt jemals. Gleichwohl war ihr bewusst, dass das alles am nächsten Morgen vorbei sein würde. Nach drei ekstatischen Runden Sex schlief Bea sichtlich ermüdet in Ansgars starken Armen ein und genoss auch dies, ehe sie sich am nächsten Morgen in aller Frühe davonschlich. Irgendwie war es ihr peinlich, Ansgar am Morgen danach zu begegnen, und mittlerweile hatte sich bei ihr ein ziemlich schlechtes Gewissen ihrem Freund gegenüber eingestellt.

Als ihr Freund am späten Nachmittag aus Bochum zurückkam, bemerkte er zunächst nicht, was Bea die Nacht zuvor getrieben hatte. Erst am darauffolgenden Morgen sollte es im Badezimmer zum Eklat kommen. Als Bea aus der Dusche trat und ihr Freund noch auf der Toilette saß, fragte der recht forsch: »Was hast du denn da unten gemacht?«

Sie wusste erst gar nicht, was er meinte. Doch als sie hinunter zu ihrem Intimbereich blickte, da fiel es auch ihr auf: ihre sonst so dichte Schambehaarung fehlte. Allerdings fehlte sie nicht gänzlich, sondern an einigen Stellen mehr, an anderen Stellen weniger. Es sah aus, als hätte sie ziemlich planlos an ihrer Intimbehaarung herumgeschnipselt.

Bea kam in Erklärungsnot. Sie war ohnehin eine schlechte Lügnerin und hatte sich auf viele Eventualitäten vorbereitet, aber damit hatte sie nun wirklich nicht gerechnet. Ihr fiel schlicht nichts ein, was sie spontan hätte sagen können. Kleinlaut und tränenreich gestand sie ihrem Freund den Seitensprung und ihre Vermutung, dass Ansgar das mit den Schamhaaren gewesen sein musste – aus welchem absurden Grund auch immer.

Beas Freund war natürlich schockiert, wobei nicht ganz klar wurde, was ihn mehr entsetzte: dass seine Bea nach acht Jahren glücklicher Beziehung fremdgegangen war, oder dass sie dabei offensichtlich an einen Perversen geraten war. Letzteres war für Beas Freund Grund genug, sie zur Polizei zu schicken. Vielleicht wollte er Bea damit auch nur eine Lektion erteilen, schließlich war es eine recht verzwickte Angelegenheit, dem aufnehmenden Polizeibeamten zu erklären, was mit ihrem Intimbereich los war und warum. Wollte sie die angedrohte Trennung abwenden, musste sie da allerdings durch. Außerdem war es ja tatsächlich eine Sauerei, was Ansgar sich da erlaubt hatte.

Und so war es dazu gekommen, dass Ansgar mich in meiner Kanzlei aufsuchte.

Eigentlich tat es nicht wirklich etwas zur Sache, warum Ansgar Beas Schambehaarung abgeschnitten hatte. Dass er ihre Schambehaarung ohne ihre Einwilligung abgeschnitten hatte, reichte völlig aus, um den Straftatbestand der Körperverletzung zu erfüllen. Mehrfach hatten Gerichte so entschieden, wobei es sich dabei meist um sogenannte Haustyrannen-Fälle handelte, in welchen ein selbst ernannter Patriarch seiner Frau oder Tochter die Kopfbehaarung abschnitt – entweder um diese zu disziplinieren oder damit kein anderer Mann sie ansähe.

Auch wenn das Haareschneiden selbst keine Schmerzen verursacht und die Frau in ihrem körperlichen Wohlbefinden nicht unmittelbar beeinträchtigt wird – die psychischen Schäden können immens sein. Deshalb entschied der Bundesgerichtshof, dass in einem solchen Fall eine strafbare Körperverletzung gegeben sei. Auf die Motivation für das Haareschneiden kam es dabei nicht an.

Aber mich interessierte natürlich trotzdem, warum Ansgar es getan hatte. Wollte er Bea vor ihrem Freund erniedrigen, oder war es einfach nur ein schlechter Scherz? War er an dem Abend betrunken gewesen und hatte deshalb zur Schere gegriffen? Alles konnte ich mir vorstellen, nur den wahren Grund hätte ich nie erraten. Kleinlaut gestand mir Ansgar bei unserem Gespräch: »Ich habe sie gegessen.«

Ich hatte bis dato schon von vielen Fetischen gehört. Beispielsweise von Goldfischsex, bei welchem der Sexualpartner in Frischhaltefolie gewickelt wird und sich dann wie ein Goldfisch im Glas an dem anderen Partner reiben muss, oder von Pseudo-Nekrophilie, bei der ein Partner beim Sex so tut, als wäre er tot, und sich davor noch ins kalte Wasser legt, damit der Leichen-Effekt noch stärker wirkt. Aber heimlich Schamhaare abzuschneiden, um diese zu verspeisen, davon hatte ich noch nie etwas gehört.

Natürlich versicherte ich mich noch mal, ob ich Ansgar wirklich richtig verstanden hatte, und ja, er hatte Beas Schamhaare tatsächlich abgeschnitten, um sie zu essen. Aber das war bei Weitem noch nicht alles, was er mir beichtete. Auch zahlreichen anderen Frauen hatte er des Nachts heimlich die Schamhaare abgeschnitten und sie dann gegessen. »Ich steh darauf. Es tut mir leid.«

Unter den gegebenen Umständen sah ich für Ansgar keinen Vorteil darin, gegenüber der ermittelnden Polizei oder der Staatsanwaltschaft irgendwelche Angaben zu machen. Ein Beschuldigter ist von Rechts wegen auch nicht verpflichtet, an seiner eigenen Überführung mitzuwirken. Ansgar konnte begründete Hoffnung haben, noch mal glimpflich davonzukommen, wenn er schwieg, zumal Beas Fall kaum mit den erwähnten Haustyrannenfällen zu vergleichen war. Es ist ein Unterschied, ob man jemandem die Intimbehaarung abschneidet, die ihm schlichtweg egal ist, oder ob man jemandem gegen seinen erkennbaren Willen die für alle Welt sichtbare Kopfbehaarung nimmt. Um sich der Körperverletzung strafbar zu machen, darf das physische oder psychische Wohlbefinden nicht nur unerheblich beeinträchtigt werden. Und mit Verlaub: Erheblich schien Beas Beeinträchtigung durch Ansgars Tat nicht zu sein. Dass sie dadurch Ärger mit ihrem Freund hatte, war Ansgar im Übrigen nicht zuzurechnen, zumindest nicht nach juristischen Kriterien.

Und tatsächlich: Das Verfahren gegen Ansgar wurde eingestellt. Weitere Frauen, denen nach einer Nacht mit Ansgar etwas fehlte, hatten sich nicht zu Wort gemeldet. Womöglich setzen sie in ihrem Kulturkreis gerade einen neuen Trend.

Unzählige junge Mädchen fielen auf Günther W. herein. In Zeiten von Model-Castingshows und dem Wettbewerb um das Online-Profil mit den meisten »Likes« war es für ihn nicht sonderlich schwer gewesen, von den Teenies zu bekommen, was er wollte – bis die Polizei ihm schließlich durch Zufall auf die Schliche kam.

Seine Masche war simpel, effektiv und perfide zugleich: Mit Fake-Fotos von jungen, männlichen Fotomodels aus dem Internet hatte er sich auf sozialen Plattformen angemeldet und unter die Bilder gepostet: »Schreib mir, wenn Dir mein Foto gefällt.« Gut zwanzig Profile unterhielt er, um eine möglichst breit gefächerte Auswahl von Fotos anzubieten – vom fünfzehnjährigen Fußballerjungen mit blonden Haaren über den siebzehnjährigen Poser mit langen, dunklen Haaren vor einem tollen Auto, bis hin zum Skateboarder und Beachboy. Die Fake-Profile rundete Günther mit Angaben zu interessanten Hobbys und allerlei anderen Informationen ab, die junge Schülerinnen ansprachen, und trotzdem hielt sich der Zeitaufwand für die Erstellung eines Profils mit wenigen Minuten in Grenzen.

Anders verhielt es sich mit dem Aufwand, den Günther in die Kommunikation mit den Hunderten von Mädchen investierte, die eines seiner zahlreichen Fake-Profile entweder geliked oder den vermeintlichen Hot-Boy namens Ferdinand, Markus, Alex, Tobi, Anton, Johnny, Finn oder Stefan direkt angeschrieben hatten. Günther spielte seine jeweilige Rolle exzellent. Mit der Zeit eignete er sich die aktuellen Jugendthemen sowie den typischen Jugendwortschatz an. Ausdrücke wie »abschädeln« (sich grundlos betrinken), »Bitch please« (lässige Antwort auf eine Selbstverständlichkeit), »Alimentenkabel« (Penis), »durchsumpfen« (eine Nacht durchfeiern), »Achselfasching« (behaarte Achseln), »Gammelfleischparty« (Ü-30 Party), »Blümchenkiller« (Vegetarier/in) oder »Alpha Kevin« (der Dümmste von allen) waren ihm nicht fremd. Mit ihm bekomme man nicht nur Enterbrainment (niveauvolle Unterhaltung), sondern man könne sich auch richtig »was gönnen« (Spaß haben). Auch um Komplimente war er nie verlegen, die bei den Mädchen natürlich runtergingen wie Öl. So versicherte er ihnen beispielsweise, dass sie richtig »fame« (toll, super, berühmt) und viel besser aussähen als diese ganzen »Geld-zurück-Gesichter« (Menschen mit Pickeln) und »horizontal Benachteiligten« (Dicken), zumal sie zu den wenigen gehörten, die einen »Faltenbügler« (Schönheitschirurgen) sicher niemals nötig hätten.

Günther investierte viel Zeit und Mühe, um interessiert und locker rüber zu kommen und das Vertrauen der Mädchen zu gewinnen, bevor er dazu überging, seinen eigentlichen Plan in die Tat umzusetzen. Nur eine Schleckrosine (ein sehr hübsches Mädchen) zu sein, so ließ er seine Chatpartnerinnen wissen, reiche natürlich nicht aus, um an ein »Schnitzel« (einen sehr hübschen Jungen) wie ihn ranzukommen. Ein richtiges »Perlhuhn« (eine Top-Braut) brauche auch gute Bilder. Kein Geringerer als der Mann hinter den Kulissen von Germany's Next Topmodel und dem Playboy habe seine Bilder geschossen – ein super netter Typ namens Günther, schwer in Ordnung und ein echter Geheimtipp. Diesen Günther könne man ja mal ganz gechillt anschreiben, dürfe nur bitte nicht rumerzählen, woher man den Kontakt habe, Günni sei nämlich recht öffentlichkeitsscheu.

Natürlich hatte Günther auch einen Account auf der gerade meist angesagten sozialen Plattform im Internet, auf welcher er urheberrechtlich geschützte Bilder von echten Star-Fotografen zeigte und diese dreist als die seinen ausgab. Die Chat-Partnerinnen der Boys waren allesamt begeistert von Günthers Profil, erst recht, sobald sie hörten, dass Günni ein kostenloses Probeshooting anbot, bei welchem man einander kennenlernen und er beurteilen konnte, ob das jeweilige Mädchen auch wirklich für die Modelbranche taugte. Günther war sich natürlich bewusst, dass die meist vierzehn- oder fünfzehnjährigen Mädchen, mit denen er unter falschem Namen chattete, nicht dumm waren, aber er wusste sie zu locken. »Fame« war das Zauberwort. Alle wollten sie »fame« sein. Wenn es darum geht, so richtig durchzustarten oder gar berühmt zu werden, setzt der gesunde Menschverstand bekanntermaßen nicht nur bei jungen Menschen aus – Dschungelcamp und ähnlich peinliche Formate lassen grüßen. Zudem drängte Günther sich den Mädchen ja scheinbar nicht selbst auf, sondern wurde ihnen von einer vertrauenswürdigen Quelle empfohlen. Sogar die »Ellies« (die Eltern) der Kinder ließen sich von dem professionellen Internetauftritt des selbst ernannten Star-Fotografen und dem kostenfreien Angebot überzeugen und erlaubten ihren Kindern das heiß ersehnte Fotoshooting.

Hatten die Mädchen erst mit Ferdinand, Markus, Alex oder Tobi gechattet, meldeten sie sich nach kurzer Zeit über die Kontaktfunktion auf Günthers Internetaccount und vereinbarten ein kostenloses Probeshooting. Dass dieses dann kurzfristig in Günthers Wohnung verlegt werden musste, erklärte der stets damit, dass sein Studio gerade für ein »Wind-and-Water-Shooting« mit Heidi, Giselle, Kendall oder anderen Topmodels umgebaut werden musste. Eine Fotowand mit abrollbarem Green-Screen hatte er sich günstig bei eBay ersteigert und sich ein paar Foto-Posen bei YouTube abgeguckt. Kamen die Mädchen in Begleitung ihrer Eltern in sein »Studio«, zeigte sich Günther stets von seiner seriösen Seite. Die Shootings dauerten dann nur wenige Minuten und endeten mit der immer gleichen Floskel: Er werde sich melden, wenn eine Modelagentur Interesse zeige – »Don't call us, we call you.«

Kamen die Mädchen aber ohne Begleitung zum Shooting, dauerte dieses stets mehrere Stunden, und zufälligerweise stand jedes Mal ein Bikiniwettbewerb auf den Bahamas an, oder es wurden Nachwuchshäschen für den Playboy gesucht. Bikiniposen in Unterwäsche waren für keines der Mädchen ein Problem. Für ein mögliches Shooting für den Playboy waren die Jugendlichen bereit, auch die letzten Hüllen fallen zu lassen und sich in den abenteuerlichsten Posen vor Günthers Kamera zu verbiegen.

Stets versprach dieser den Mädchen, sich nach dem Shooting zu melden, wenn die Fotos bei seinen Auftraggebern Anklang fänden, wozu es natürlich niemals kam. Die Mädchen akzeptierten das klaglos und in der Annahme, für ein Bikini-Shooting nicht hübsch genug zu sein. Die wenigen, die doch den Mut aufbrachten, sich nach Abzügen zu erkundigen, erhielten eine Abwesenheitsnotiz: Star-Fotograf Günther sei mal wieder für die Vogue oder die Cosmopolitan unterwegs.

Innerhalb von vier Jahren häufte Günther mithilfe dieser Masche eine beträchtliche Sammlung von jugendpornografischen Nacktfotos und Videos an, und nur durch einen dummen Zufall konnte die Polizei den Machenschaften des Star-Fotografen ein Ende setzten: Eine von Günthers Bewerberinnen machte nämlich tatsächlich Karriere als Model. Sie war so »fame«, dass sie regelmäßig für bekannte Modezeitschriften und zunehmend auch für größere Produktionen gebucht wurde. Schließlich wunderte sie sich darüber, dass niemand aus der Szene den angeblich so berühmten Günni kannte. Als dann ausgerechnet das bekannte Hochglanzmagazin »Bunny-Play« sie buchte und zu Probeaufnahmen einlud, wurde sie hellhörig. Auf ihre Anfrage hin teilte die Redaktion des Magazins dem Mädchen mit, dass keine Probeaufnahmen von ihr vorlägen, und einen »Günni« oder Günther kenne man auch nicht, zumal Shootings ausschließlich von hauseigenen Fotografen gemacht würden, die jedoch niemals minderjährige Mädchen fotografierten! Man besäße außerdem den Anstand, höflich abzusagen, wenn eine Zusammenarbeit nicht zustande komme.

Diese Antwort war Grund genug für die Agentur des jungen Models, sich auf Günthers Homepage umzusehen. Zwar stießen die Mitarbeiter dort auf ihnen bekannte Modelfotografien, erkannten jedoch schnell, dass diese allesamt nicht von Günther W. stammten. Was folgte, war eine Strafanzeige wegen Urheberrechtsverletzung und eine Hausdurchsuchung. Natürlich fanden die Polizisten bei dieser Gelegenheit auch Günthers beträchtliche Festplattensammlung. Sie beschlagnahmten 76 365 Bild- und Videodateien, wovon eine nicht unerhebliche Zahl als jugendpornografisches Material klassifiziert wurde.

Günther verteidigte sich, die Mädels seien doch alle »tinderjährig« gewesen (alt genug, um Apps wie *Tinder* & Co zu bedienen), aber auch das entlastete ihn nicht. In Deutschland ist und bleibt die Herstellung und der Besitz von sexualisierten Fotos mit Jugendlichen unter achtzehn Jahren strafbar – ob nun »tinderjährig« oder nicht.

» HAPPY FEELINGS «

Der sonst so smarte Lukas machte in seiner grauen Anstaltskleidung keine gute Figur. Mit gesenktem Kopf saß er auf einem klapprigen Holzstuhl in der Vorführzelle der Untersuchungshaft. Neben ihm standen zwei bullige Wachtmeister, die ihm Hand- und Fußfesseln angelegt hatten. Als Tatverdächtiger in einem Mordfall hatte er sich diese »Sonderbehandlung« verdient. Er wurde rund um die Uhr bewacht, in Ketten vorgeführt, schlafen durfte er nur bei Licht. Trotzdem hatte Lukas Angst, die in seinem Fall durchaus begründet war, denn im Gefängnis hatte sich schnell herumgesprochen, dass sich Lukas an einer alten Dame vergangen und sie umgebracht haben sollte – in welcher Reihenfolge, das war noch unklar.

Lukas bestritt vehement die ihm zur Last gelegte grauenvolle Tat, und das nicht nur deshalb, weil Vergewaltiger und Frauenmörder im Knast keinen guten Ruf hatten.

Kennengelernt hatten sich Lukas und die neunundsiebzigjährige Elfriede Popp – Gott hab sie selig – über eine Dating-Plattform. Allerdings war es keine der gängigen

Seiten, denn bei den meisten Plattformen dieser Art ist bei jenseits der fünfzig langsam, aber sicher Schluss mit Online-Dating. Die Betreiber von Dating-Apps gehen meist nicht davon aus, dass Menschen jenseits des Rentenalters noch so viel Libido in sich haben, dass sie sich nach Liebe und Zuneigung sehnen oder über die nötigen Möglichkeiten und Fähigkeiten verfügen, um am Online-Dating teilzunehmen – die Jugend nennt sie sogar etwas abschätzig »digital immigrants«. Schade eigentlich, denn Rentner sind die einzige Bevölkerungsgruppe in Deutschland, die stetig wächst. Bei der Generation Gold handelt es sich also um einen Wachstumsmarkt. Das hatten auch die Macher der Senioren-Wellness-Seite *Gesundbrunnen* erkannt und deshalb die Online-Plattform *Jungbrunnen* aufgesetzt, die ausschließlich den zwischenmenschlichen Bedürfnissen von Senioren gewidmet war. *Jungbrunnen* glänzte nicht nur durch eine gut lesbare Schriftgröße und eine intuitiv verständliche Suchfunktion mit Kategorien wie *Neue Freunde, Geselliges Beisammensein, Was fürs Herz* und *Knisternde Erotik,* auch versicherten die Macher der Plattform mit einem eigens geschaffenen Gütesiegel, dass jeder Nutzer verifiziert würde. Kurzum: *Jungbrunnen* präsentierte sich als eine Seite, die Menschen über sechzig bei der Suche nach neuen Freunden, Lebenspartnern oder eben auch One-Night-Stands half – und das alles unter dem Gütesiegel »besonders sicher«.

Altersbeschränkungen gab es bei der Plattform *Jungbrunnen* keine, und selbstverständlich waren auch deutlich jüngere Menschen willkommen. So tummelten sich auf der Plattform neben Rentnern auch Schüler, Studenten und Arbeitssuchende, die entweder gegen einen kleinen

Obolus oder schlicht aus Nächstenliebe Spielenachmittage, Spaziergänge, Begleitung bei kulturellen Unternehmungen und Hilfe im Haushalt anboten. Unter der Rubrik *Knisternde Erotik* offerierten Personen jedweden Alters und Geschlechts sexuelle Gefälligkeiten – wenn auch etwas weniger offensiv als auf anderen Plattformen dieser Art, denn die Nutzer von *Jungbrunnen* waren durchaus in der Lage, zwischen den Zeilen zu lesen, schließlich blickten sie auf langjährige Erfahrung in Sachen Zwischenmenschlichkeit zurück...

Im Gegensatz zu so manch einem ihrer Altersgenossen wäre die biedere Elfriede Popp nie von selbst auf die Idee gekommen, ihr Leben mithilfe einer Internetseite aufzupeppen. Neben einem Opernabonnement zählten Kaffeefahrten zum bevorzugten Unterhaltungsprogramm der steinreichen Witwe Popp. Unternehmungen mit der Verwandtschaft waren rar gesät, denn abgesehen von zwei Nichten hatte sie keinerlei Familie – ihre eigene Ehe war kinderlos geblieben, und ihre große Schwester, mit der sie sich immer gut verstanden hatte, war schon verstorben. Die nichtsnutzigen Nichten studierten schon seit einer gefühlten Ewigkeit »irgendwas mit Medien« und meldeten sich immer dann bei ihrer Tante, wenn sie mal wieder eine großzügige Finanzspritze brauchten. Zwar durchschaute Elfriede Popp die materialistischen Beweggründe ihrer Nichten, großzügig zeigte sie sich aber dennoch, denn mit ihrem Reichtum konnte sie nur wenig anfangen – sie gab ihr Geld einzig für die diversen Kaffeefahrten aus, obwohl sie sich durchaus bewusst war, dass es sich dabei um Abzocke im großen Stil handelte. Das chinesische *Glump*, welches dort von windigen Verkäufern angepriesen wurde, war alles andere als geprüfte Marken-ware. Trotzdem kaufte auch sie das in Massen angebotene Porzellan »seltener Herkunft«, Glückslose ohne Gewinn-möglichkeit und elektrische Heizdecken, deren Prüfsiegel noch kurzlebiger war als die Decke selbst. Elfriede ging es nicht in erster Linie darum, billige Importwahre zu erste-hen, vielmehr genoss sie auf den Fahrten die Gesellschaft anderer Leute.

Angesichts ihres zurückgezogenen Lebens war Elfriede sehr angetan, als ihre Kaffeefahrt-Freundin Renate ihr auf einem der Ausflüge nach dem dritten Obstbrand von *Jung-brunnen* und von den Männern erzählte, die sie über die Online-Plattform kennengelernt hatte. Elfriede dachte nach: Kontakte jenseits der immer gleichen Kaffeefahrten-Truppe, und dann auch noch mit echtem Prüfsiegel? Das erschien ihr erheblich attraktiver, als sich die redundanten Monologe ihrer Mitreisenden über Hüftgelenke und aktuelle Rollator-modelle anzuhören, und dabei auch noch überteuerte chi-nesische Importware zu kaufen. Zumal sie selbst bislang weder auf künstliche Hüftgelenke noch auf einen Rollator angewiesen war und im Gegensatz zu den meisten ihrer Altersklasse einen Computer besaß und wusste, wie man diesen bediente. Was Renate konnte, das konnte Elfriede schon lange. Sie war sich sicher, einen besseren Mann zu finden als den vierzigjährigen Literaturwissenschaftler, der für einen Hungerlohn mit Renate Bridge spielte.

Mit den Kaffeefahrten war es fortan vorbei. Stattdessen tummelte sich Elfriede täglich mehrere Stunden auf *Jung-brunnen* und studierte das weitgefächerte Angebot, wel-ches sich ihr auf der Online-Plattform bot.

Dabei ging sie zunächst sehr bedacht vor. Diskretion und Datenschutz waren Elfriede schon immer sehr wichtig. Erst mit der Zeit fasste sie Vertrauen in die Seriosität des siegelgeprüften Angebots und fühlte sich bereit, ein wenig mitzumischen. Vor allem die Angebote der jungen Nutzer hatten es der rüstigen Witwe angetan – von alten Leuten hatte sie in den letzten Jahren mehr als genug gesehen. Ihr Lieblingsspiel Monopoly würde doppelt so viel Spaß machen, wenn ihre Gegenspieler jung und ansehnlich wären. Schnell fand sie motivierte Mitspieler, die ihren Vorstellungen entsprachen. Dass Elfriede anbot, das Monopoly-Spiel mit echtem Geld zu bestücken, wird sicherlich dazu beigetragen haben.

Zu Problemen oder gar nennenswerten Zwischenfällen kam es bei den illustren Monopoly-Runden übrigens nie – das Prüfsiegel schien tatsächlich den hohen Qualitätsstandard zu gewährleisten, mit dem die Betreiber der Seite warben. Die jungen Männer, die Elfriede sich über die Online-Plattform aussuchte, waren stets ausgesprochen freundlich, gebildet, noch dazu höflich und adrett gekleidet. Irgendwann hielt Elfriede es für an der Zeit, auch in der letzten Kategorie der seniorenfreundlichen Plattform auf virtuelle Entdeckungsreise zu gehen: *Knisternde Erotik.*

Elfriede traute ihren Augen kaum, was ihr alles unterbreitet wurde, wenn sie die entsprechenden Kontakte knüpfte. Schöne junge Männer boten der liebesbedürftigen Seniorin Zuwendung jedweder Spielart an – angefangen bei Streicheleinheiten über Geschlechtsverkehr in seniorenfreundlichen Positionen bis hin zu Praktiken, an die weder sie noch ihr Mann je auch nur zu denken gewagt hätten.

Star unter den zahlreichen Anbietern war ein gewisser Lukas, der unter dem Künstlernamen »Luke Feeling« zahlreiche positive Bewertungen und Erfahrungsberichte gesammelt hatte. »Happy Feelings – elektrisierende Begegnungen zwischen Jung und Alt« lautete seine Profil-Überschrift, die mit ansprechenden Oben-Ohne-Bildern unterlegt war. Darunter listete der junge Mann auf, was es mit den elektrisierenden Begegnungen zwischen Jung und Alt auf sich hatte. Angesichts der euphorischen Bewertungen fasste sich Elfriede ein Herz und entschied sich spontan für das erotische Massagepaket mit Trüffel-Öl bei Kerzenschein. Von diesem Tag an sollten ihre Monopoly-Freunde nie wieder etwas von ihr hören.

Luke Feeling übertraf Elfriedes Erwartungen um ein Vielfaches. Seine sexy Profilfotos waren alles andere als eine Mogelpackung: Die gestählten Oberarme hielten auch in natura, was sie versprachen. Obendrein erwies sich der Goldjunge als intelligent, gebildet und über die Maßen charmant und freundlich. Berührungsängste mit Elfriedes fahler faltiger Haut hatte er nicht, ganz im Gegenteil: Zu Feelings Massage zählte eine sogenannte Body-to-Body-Massage, bei der sich der nackte Luke auf die bäuchlings liegende Elfriede legte und mit kreisenden Bewegungen seines gesamten Körpers das besagte Trüffel-Öl einmassierte. Luke erwies sich als absolutes Ausnahmetalent, und bei der lebensklugen Elfriede stellten sich bislang gänzlich ungekannte und derart intensive »Happy Feelings« ein, dass sie diese fortan nicht mehr missen wollte. Bald war »Luke Feeling« ein ständiger Gast im Domizil von Frau Popp, und stets wurde er für seine Liebesdienste fürstlich entlohnt – bis die Putzfrau eines Tages auf den leblosen

Körper der ehemals so lebensfrohen Witwe stieß. Der verständigte Notarzt konnte nur noch den Tod der alten Dame feststellen. Trotz der schon fortgeschrittenen Leichenfäulnis fiel ihm sofort die schwarz-rötliche Strommarke an Elfriedes Schulter auf, denn Verletzungen durch den Einfluss von Strom hinterlassen charakteristische Wunden. Ein Indiz für einen unnatürlichen Tod? Umgehend verständigte der Notarzt die Polizei. Und tatsächlich: Elfriede war an einem starken Stromschlag gestorben.

Tödliche Unfälle mit Strom sind aber in Deutschland durch die hohen Sicherheitsstandards sehr selten, weshalb die Polizei auch sofort die Ermittlungen aufnahm. Als dann bei einer genaueren Untersuchung der Wohnung ein Testament gefunden wurde, welches Elfriede wenige Tage vor ihrem Tod verfasst hatte, war ein Tatverdächtiger schnell gefunden, wies das Testament doch ihren »lieben Lukas« als Alleinerben aus und enterbte ausdrücklich ihre »nichtsnutzigen Nichten«.

Im Zuge der kriminaltechnischen Untersuchung wurde dann auch noch ein Schamhaar von Lukas an Elfriedes Oberschenkel gefunden. Spätestens jetzt gingen die Kommissare von einem perfiden Verbrechen aus: Mord aus Habgier und zur Befriedigung des Geschlechtstriebs – eine Kombination von Motiven, mit der sie es selten zu tun hatten. Zwar konnte der genaue Tatablauf nicht sofort rekonstruiert werden, dennoch galt Lukas als dringend tatverdächtig und wurde zur Vernehmung vorgeladen.

Seine kläglichen Erklärungsversuche trugen nicht dazu bei, ihn zu entlasten. Im Gegenteil: Seinem Werbeversprechen einer »elektrisierenden Begegnung zwischen Jung und Alt« schien er im wahrsten Sinne des Wortes nachge-

kommen zu sein. Auch Lukas' Schilderung der Ermorde-
ten wollte sich nicht mit dem Bild der eher spießigen Rentnerin decken, welches Nachbarn, Freunde und Familie
von ihr zeichneten, sodass die Beamten Lukas' Geschichten über Elfriedes Vorlieben für erotische Ganzkörpermas-
sagen mit Trüffelöl als groteske Schutzbehauptungen einstuften.

Auch den zuständigen Haftrichter konnte Lukas nicht
von seiner Unschuld überzeugen. Dessen Vorstellungs-
kraft reichte einfach nicht so weit, als dass er sich das
Schamhaar eines zweiundzwanzigjährigen Studenten am
Oberschenkel einer neunundsiebzigjährigen Dame anders
als mit einem Verbrechen hätte erklären können. Auch
für mich als Strafverteidiger war es eine ganz schön abge-
drehte Geschichte, die aber, wie mir Lukas in der Vorführzelle versicherte, »die volle Wahrheit« sei.

Letztlich mussten der Richter und auch ich die Ergeb-
nisse der Ermittlungen abwarten, und sehr zum Erstaunen
aller am Verfahren beteiligten Personen untermauerten
diese Lukas' Aussage. Die Ermittler waren auf Elfriedes Computer auf Chatprotokolle gestoßen, die ihre und
Lukas' innige Geschäftsbeziehung zweifelsfrei belegten,
ihn aber dennoch nicht entlasteten: Denn aus den Chat-
protokollen ging auch hervor, dass Elfriede ihren »Lucky
Luke« just für den Tatabend zu einem »Massagedate« ein-
bestellt hatte. Für besagten Abend hatte Luke nun nicht
nur kein Alibi, sondern er hatte der rüstigen Rentnerin
wenige Stunden vor ihrem Stromtod auch noch über die
Plattform angekündigt, sie »so richtig zu flashen«. Lukas'
Beteuerungen, er habe Elfriede Popp an jenem Abend
kurz vor dem vermuteten Todeszeitpunkt in höchst befrie-

digtem und vor allem höchst lebendigen Zustand verlassen, überzeugten die Ermittler nicht.

Es war erst der Abschlussbericht der Gerichtsmedizin, der die ungeahnte Wende in dem Fall brachte, denn die Autopsie hatte ergeben, dass Elfriede selbst für ihren Tod verantwortlich war. Obwohl die alte Dame sich bis zu ihrem Tod bester Gesundheit erfreute, hatte sie doch über die Jahre eine Inkontinenz entwickelt, weshalb sie nachts Einlagen tragen musste. Just in ihrer letzten Nacht hatte sie das aber offenbar vergessen. Was soll ich sagen? Elektrische Heizdecken und Flüssigkeiten vertragen sich nicht allzu gut – erst recht nicht, wenn es sich bei der Heizdecke um niedrigpreisige Importware aus China mit gefälschtem Prüfsiegel handelt. Elfriede hätte ihre Vorliebe für sicherheitszertifizierte Standards wohl nicht nur beim Online-Dating beherzigen sollen. Vor dem Hintergrund dieser Erkenntnisse wurde dann auch nicht mehr Lukas, sondern der Kaffeefahrten-Betreiber strafrechtlich verfolgt – und zwar wegen fahrlässiger Tötung und verschiedener Zolldelikte.

Seinen nun etwas morbiden Werbeslogan »Happy Feelings – elektrisierende Begegnungen zwischen Jung und Alt« musste Lukas nie wieder bemühen: Elfriedes Testament gestattete es ihm, sich fortan ohne lukrativen Nebenjob ganz auf sein Studium zu konzentrieren. Vielleicht eine gute Gelegenheit für Elfriedes enterbte Nichten, die durch Luke Feelings Weggang entstandene Lücke auf der *Jungbrunnen*-Seite zu füllen ...

DER MEHRZWECKRAUM

Wenn ein Strafverfahren in Zusammenhang mit einem Online-Portal steht, denkt man zumeist an die allgegenwärtigen Dating-Seiten und vermeintlich wahre Horrorgeschichten, die im Internet beginnen und mit Tod im Wald enden.

Dieser Fall hingegen nahm seinen Anfang auf einer Online-Jobbörse und endete nicht weniger spektakulär...

In der Arbeitswelt Fuß zu fassen, damit tat Oliver sich schwer. Mittlerweile hatte er die zweite Ausbildung nach nur wenigen Monaten abgebrochen und lag seiner Mutter Karin seit mehreren Wochen auf der Tasche, ohne sich um einen neuen Job zu bemühen. Olli musste sich nach eigenen Angaben erst mal von den schlimmen Erfahrungen im letzten Ausbildungsbetrieb erholen, wo sein Chef doch tatsächlich von ihm verlangt hatte, pünktlich am Arbeitsplatz zu erscheinen.

Also begab sich die vom arbeitsscheuen Nachwuchs genervte Mama Karin im Internet auf die Suche nach geeigneten Jobs für ihren Sohnemann. Über eine Werbeanzeige landete sie bei dem Jobportal *zombie.de,* wo sie ein Profil für ihren Sohn erstellte. Das Problem war nur, dass die meisten Jobs Qualifikationen voraussetzten, die Olli kaum erfüllen konnte. Mit zwei Kündigungen in der Probezeit war er alles andere als ein Traumbewerber. Die Arbeitszeugnisse, in denen er als »meist pünktlicher Mitarbeiter« beschrieben wurde, der »seine Aufgaben überwiegend zu unserer Zufriedenheit erledigte« oder dessen »Verhalten gegenüber den Vorgesetzten im Allgemeinen angemessen« war, trugen auch nicht dazu bei, dass sich potenzielle Arbeitgeber die Finger nach ihm leckten.

Ollis Mutter sah sich deshalb in Arbeitsbereichen um, in denen nur wenige Qualifikationen gefordert wurden. Sie wusste, dass ihr Sohn gut mit Werkzeugen umgehen konnte und wurde schließlich fündig: »Start-up-Unternehmerin sucht handwerklich begabte Männer für Hausmeistergewerbe« hieß es da. Die Angaben zur Bezahlung waren branchenüblich, besondere Erfahrungen oder Nachweise wurden nicht verlangt. Also bewarb Karin sich kurzerhand im Namen ihres Sohnes und schickte ihn froher Hoffnung zum Probearbeitstag bei der Firma *Hausmeister24.*

Leider konnte Olli den Arbeitgeber nicht überzeugen, und damit, so könnte man annehmen, hätte es sich dann auch mit seiner ruhmlosen Bewerbung bei *Hausmeister24,* wäre da nicht dieses Video im Internet aufgetaucht, das nach seinem Probearbeiten viral ging und sogar überregional von den Medien aufgegriffen wurde. Dies lag wohl vor allem an dem reißerischen Titel, unter dem es anonym veröffentlicht worden war: »Der Beweis: Männer sind Schweine.« Es zeigte etwa zwanzig zusammengeschnittene Aufnahmen von einer Überwachungskamera, die immer dasselbe Szenario aufgezeichnet hatte: Verschiedene männliche Personen betraten in Begleitung einer jungen Frau einen schmucklosen Raum, in dem sich außer einem Stuhl, einem Tisch und einem Computer nichts weiter befand. Die junge Frau verließ kurz darauf den Raum. Nachdem sich die Männer etwas gelangweilt an den Tisch gesetzt hatten, lief die Aufnahme so lange im Zeitraffer ab, bis sie sich am Computer zu schaffen machten. Wenig später holte jeder einzelne der Männer seinen Penis heraus, um sich selbst zu befriedigen, offenbar zu dem Bildmaterial, das auf dem Computer ablief.

Unterlegt war das etwa fünfzehnminütige Video mit einer Folge von entrüsteten Untertiteln: »Es sollte ein normales Bewerbungsgespräch um einen normalen Job werden – weit gefehlt!!!!«, und: »Dieses Schwein konnte seine Geilheit noch nicht mal fünf Minuten im Zaum halten!!!!!!!« und so weiter und so fort. Zwar waren sowohl die junge Frau als auch die zwanzig bloßgestellten Männer mit Augenbalken unkenntlich gemacht worden, doch an dem lustlosen Auftreten, dem schlurfenden Gang, dem schlecht sitzenden Haarschnitt, dem Bierbauch, dem peinlichen ausgewaschenen pseudo-rebellischen T-Shirt Slogan »It's the government!« und nicht zuletzt an diesem bescheuerten Barcode-Tattoo, das er sich anlässlich seines achtzehnten Geburtstags auf den Nacken hatte tätowieren lassen, erkannte Mama Karin ihren Sohn sofort. Auch der holte in dem Video nach nur wenigen Minuten am Computer seinen Penis heraus, um deutlich lustvoller, als sie es bei sonstigen Aktivitäten von ihm gewohnt war, zur Sache zu kommen. Bezeichnenderweise war er ebenjenes Schwein, das seine Geilheit noch nicht mal fünf Minuten im Zaum halten konnte – wie es ihm der reißerische Untertitel bescheinigte.

Da Oliver nur ein einziges Bewerbungsgespräch hinter sich gebracht hatte, stand ohne Zweifel fest, dass das unrühmliche Überwachungsvideo in den Räumlichkeiten von *Hausmeister24* entstanden sein musste. Einerseits war Olli im Rahmen seines Probearbeitstages in den Räumlichkeiten eines potenziellen Arbeitgebers und in einem vermeintlich unbeaufsichtigten Moment einer durchweg anderen Tätigkeit als der eines Hausmeisters nachgegangen – ein recht fragwürdiges Verhalten –, andererseits warf auch der Film Fragen auf: Warum waren Oliver und mindestens neunzehn weitere männliche Bewerber für einen Hausmeister-Job in der immer gleichen Situation gefilmt worden? Und wie war dieser so reißerische und demütigende Zusammenschnitt ins Internet gelangt? Das jedenfalls fragte sich Olivers Mutter und erstattete prompt Strafanzeige gegen die junge Start-up-Unternehmerin von *Hausmeister24*.

Nun mag man annehmen, dass der Fall schnell geklärt wäre, doch er entpuppte sich für Polizei und Justiz als recht komplex. Natürlich gibt es ein Gesetz, das die Intimsphäre und das Recht am eigenen Bild schützt. Aber die Verteidigungslinie der Start-up-Unternehmerin war recht wirkungsvoll: Sie habe überprüfen wollen, ob sich die Probearbeiter während der Arbeitszeit fremdbeschäftigen würden. Auch sei an der Eingangstür zu den Büroräumen ein deutlich erkennbarer Hinweis zu finden gewesen, dass sämtliche Betriebsräume aus Sicherheitsgründen kameraüberwacht würden. Nach einem kurzen Bewerbungsgespräch hatte sie den jeweiligen Kandidaten gebeten, in dem betrieblichen Aufenthaltsraum zu warten, unter dem Vorwand, sich kurz um einen wichtigen Kunden kümmern zu müssen. Sodann hatte sie beobachtet, wie sich die Bewerber verhielten. Sie war der Ansicht, dieses Vorgehen sei effektiver als ein Bewerbungsgespräch, bei dem sowieso alle logen.

Sie habe ausschließlich testen wollen, ob die Kandidaten ungefragt den Computer benutzen würden, um deren Zuverlässigkeit zu überprüfen. Sie habe ja nicht ahnen können, dass sich so viele – um nicht sogar zu sagen ALLE Bewerber betriebsfremd betätigen würden. Da sie das im Wissen um die Kameraüberwachung getan hatten und der Aufenthaltsraum zudem kein abgeschlossener Lebensbereich war, den man der Intimsphäre zuordnen konnte, hatte sie sich berechtigt gesehen, die Aufnahmen der Öffentlichkeit zugänglich zu machen. Immerhin sei es eine »riesige Schweinerei«, was diese Kerle sich während der Arbeitszeit geleistet hatten. Deshalb sollten statt ihrer auch eher die zwanzig aufgezeichneten Männer auf der Anklagebank sitzen – so die Sicht der Start-up-Unternehmerin.

Diese Argumentation überzeugte auch die Richterin, die sich ähnlich entsetzt über das Verhalten der Bewerber zeigte. Die ambitionierte Start-up-Unternehmerin wurde freigesprochen. Dass an Olivers Probearbeitstag ein Bildschirmschoner mit einer nackten Frau und der Überschrift »(Kl)ick mich« über dem Computer geflimmert war und damit regelrecht zur Fremdbeschäftigung aufgefordert hatte, ließ die Start-up-Unternehmerin unerwähnt. Es hätte das Ergebnis des Rechtsstreits aber auch nicht geändert.

Probearbeiten lehnt Oliver seither übrigens kategorisch ab.

Wie wir wissen, gingen Flirtwillige und besonders Mutige auch schon im analogen Zeitalter nicht nur in Single-Bars, sondern auch im Supermarkt oder auf der Straße auf die Jagd. Da mag es nicht verwundern, dass recht viele Menschen bei der digitalen Kontaktaufnahme auf Apps zurückgreifen, die eigentlich nicht dem Zweck dienen, erotische Kontakte anzubahnen.

In diesem Fall nahm alles mit der App *YourTaxi* seinen Lauf, über die man sich per Knopfdruck ein Taxi an ebenjenen Ort bestellen kann, an dem man sich mit seinem Smartphone aufhält – GPS-Ortung und Breitbandinternet machen es möglich. Die App bietet die Option, ein Profil mit Bild und Informationen zur Person zu hinterlegen. Fahrgäste können die Fahrer bewerten und sogar einstellen, dass bestimmte Fahrer bevorzugt von der App benachrichtigt werden, sobald sie ein Taxi benötigen. Dazu können auch die Fahrer ihre Gäste bewerten. Auf diese Weise können beide Seiten Favoriten angeben.

Man mag an dieser Stelle bereits ahnen, wie es weitergeht, und wird sich denken, dass es jetzt nichts Neues ist, wenn manches schwarze Schaf unter den Taxifahrern sich besonders weiblichen Fahrgästen gegenüber als äußerst »kontaktfreudig« zeigt. Aber dieser Fall war anders. Er dürfte in der Kriminalgeschichte wohl einmalig sein.

Kristina, eine aus Sibirien immigrierte Kunstgeschichtsstudentin, nutzte *YourTaxi* regelmäßig, wenn sie am Wochenende mit ihren Kommilitoninnen ausging und die öffentlichen Verkehrsmittel zu später Stunde nicht mehr fuhren. An Flirts hatte Kristina an diesen Abenden kein Interesse, war sie doch seit dem ersten Semester fest mit ihrem Freund Moritz zusammen, mit dem sie sich eine Wohnung teilte.

So hegte Kristina auch keinerlei Hintergedanken, als sie eines Abends einen Taxifahrer über die App zu ihrer Lieblingsbar bestellte. Der betreffende Fahrer stellte sich ihr als russischer Landsmann vor, und beide verfielen während der Fahrt schnell in ein längeres und intensives Gespräch. Ihm sei ihr russischer Name und ihr Profilbild in der App gleich aufgefallen, daher habe er die Fahrt auch angenommen, obwohl sie für ihn ein Umweg war. Er habe einfach Sehnsucht nach der russischen Heimat und seinen Landsleuten, seit er gezwungenermaßen im Exil lebe. Nach dieser Einleitung machte er recht zügig deutlich, dass sie besser nicht weiter über seine Herkunft sprechen sollten. Das sei nicht sicher. Auch deshalb ringe er sich tagtäglich dazu durch, nur noch Deutsch zu sprechen.

Kristinas Neugier war geweckt. Doch abgesehen von seinem Namen und seiner Herkunft wollte der mysteriöse Taxifahrer nichts weiter über sich preisgeben. Anatol Zingerov – so sein Name – erklärte Kristina lediglich, dass gefährliche Zeiten für Exilrussen herrschten und spielte vielsagend auf die aktuelle Vergiftungswelle in Großbritannien hin. Putins Schergen seien ausgeschwärmt, um russische Verräter ihrer Strafe zuzuführen. Kristina, die sich hauptsächlich auf ihre Leidenschaft für Kunst und Kunstgeschichte konzentrierte und ansonsten etwas naiv war – für Politik interessierte sie sich gar nicht –, machten Anatols Andeutungen einigermaßen nervös. Und obwohl sie die deutsche Universität im Rahmen eines völlig legal beantragten Stipendiums besuchte und sich nie etwas zuschulden hatte kommen lassen, stiegen leise Sorgen in ihr auf. Was wusste Anatol noch? War sie in Gefahr? Doch ehe sie sichs versah, war die Fahrt auch schon beendet.

Sie könne ihn ja als Stammfahrer in der *YourTaxi*-App hinzufügen, schlug Anatol ihr zum Abschied vor. Sollte sie wieder ein Taxi brauchen, wäre er sofort zur Stelle. Er könne ihr aber auch sonst zur Seite stehen, sollte sie beim Ausgehen einmal in eine Notlage kommen. Als ehemaliger Agent sei er schließlich dafür ausgebildet.

Jetzt hatte Kristina noch mehr Fragen, aber Anatol war mit seinem güldenen Mercedes längst in die Nacht davongebraust.

Als Kristina ein paar Wochen später wieder einmal mit ihren Freundinnen bis spät am Abend unterwegs war, wurde ihr Anatol von *YourTaxi* vorgeschlagen, obwohl einige andere Fahrer etwas näher und damit schneller bei ihr gewesen wären. Kristina hatte den geheimnisvollen Anatol und seine mysteriösen Andeutungen eigentlich schon wieder vergessen, doch als ihr jetzt ihr Stammfahrer vorgeschlagen wurde, entschied sie sich trotzdem für ihn – auch als Taxikundin war sie eine treue Seele.

Anatol war erstaunlich schnell zur Stelle. Er freute sich, dass seine Stammkundin ihn wieder gebucht hatte. Breit lächelnd begrüßte er Kristina mit einem holprigen »Dobriy vecher, Kristina!«, was so viel wie »Guten Abend« auf Russisch heißt. Seine etwas unbeholfene Aussprache war sicherlich seiner langen Zeit in Deutschland geschuldet, dachte sich Kristina, Anatol hatte ja bereits bei ihrer ersten Fahrt erwähnt, dass er sich aus Sicherheitsgründen angewöhnt hatte, ausschließlich Deutsch zu sprechen. Auch bei dieser zweiten gemeinsamen Fahrt sollte es nicht lange dauern, bis Anatol Zingerov wieder auf Putins Schergen und die Machenschaften der russischen Geheimdienste zu sprechen kam. Seine Erzählungen waren abenteuerlich und faszinierend zugleich, doch gegen Ende der Fahrt wurde er sichtlich nervös und verfiel in Schweigen. Kurz bevor Kristina aus dem Taxi ausstieg, drückte er ihr etwas Kleines, Eckiges in die Hand: »Kannst du das bitte für mich aufbewahren?«, bat er sie mit einem ängstlichen Gesichtsausdruck. »Ich werde verfolgt.«

Kristina wusste erst gar nicht, wie sie reagieren sollte, denn natürlich war ihr klar, dass das, was ihr Zingerov in die Hand gedrückt hatte, irgendetwas Problematisches sein musste. Bei einem flüchtigen Blick auf den mysteriösen Gegenstand in ihrer Hand entpuppte er sich als USB-Stick. »Ich bin ehemaliger russischer Geheimagent«, flüsterte Anatol ihr über die Mittelkonsole zu und kam ihr dabei unangenehm nahe: »Vor ein paar Jahren bin ich in den Westen übergelaufen. Diese geheimen Daten habe ich damals mitgehen lassen. Jetzt sind die Russen hinter mir her. Kannst du das bitte für mich aufbewahren und dich morgen um 17:00 Uhr im Café Reitschule gleich hinter der Uni mit mir treffen? Dann erkläre ich dir alles!«

Natürlich war Kristina jetzt erst recht mulmig zumute. Schließlich war die Sache mit den vergifteten russischen Ex-Agenten schon seit Wochen Top-Thema in den Nachrichten, und selbst ihr, die sie sich nicht für Politik interessierte, war doch klar, dass mit ihrer Heimatregierung nicht zu spaßen war. Schon ihr Großvater hatte ihr, als sie jünger war, immer wieder von den zahlreichen Verhaftungen unter Stalins Regime erzählt, und seither hatte sich in Russland – zumindest aus ihrer Sicht – nicht viel verändert. Aber ein Menschenleben wollte sie auch nicht auf dem Gewissen haben, und ein wenig war sie auch geschmeichelt, dass Anatol sie ins Vertrauen zog. Sie versprach ihm, den USB-Stick bis auf Weiteres für ihn zu verwahren. Mit einer etwas unbeholfenen Umarmung und einem Kuss auf die Wange verabschiedete sich Anatol von ihr und bat sie noch, unter keinen Umständen den Inhalt des USB-Sticks zu sichten – natürlich zu ihrer eigenen Sicherheit! Morgen werde er ihr alles erklären.

Auf der Straße blickte Kristina sich nervös um. Sie fühlte sich, als wäre sie in einem Agententhriller gelandet. Noch immer irritiert stieg sie die Treppen zu ihrer Wohnung hinauf, wo sie bereits von ihrem Freund Moritz erwartet wurde. Als sie ihn lange und ohne ein Wort zu sagen umarmte, bemerkte er natürlich sofort, dass sie am ganzen Körper zitterte und fragte sie, was denn geschehen sei. Aber Kristina hatte sich fest vorgenommen, ihn nicht auch noch in diese Sache mit hineinzuziehen. Spontan erfand sie einen fiktiven Streit mit ihren Freundinnen und war selbst überrascht, wie schnell und überzeugend ihr diese Ausrede über die Lippen kam, dabei hatte sie ihren Moritz noch nie angelogen.

Am darauffolgenden Tag fand sich Kristina um Punkt 17:00 Uhr mit klopfendem Herzen im Café Reitschule ein, wo Anatol schon mit zwei Drinks auf sie wartete. Kristina zeigte sich zunächst etwas irritiert. Ihr war in dieser Situation nämlich überhaupt nicht nach Alkohol zumute. Anatol aber raunte ihr konspirativ zu, dass es für seine Tarnung äußerst wichtig sei, das Treffen wie ein Date aussehen zu lassen, denn der russische Geheimdienst FSB suche gezielt nach einem alleinstehenden Mann seines Alters und Äußeren. Daher sei er dringend auf der Suche nach einer Freundin oder zumindest nach einer weiblichen Begleitung, um seine mutmaßlichen Verfolger abzuschütteln. Nach einigen weiteren Drinks, die Anatol zügig nachbestellte, erschien ihr diese Strategie durchaus einleuchtend, einzig wieso der Geheimdienst gezielt nach einem Mann suchte, der kein Interesse an Frauen zeigte, konnte sie nicht begreifen. Doch auch diese Unklarheit konnte Anatol Zingerov schnell ausräumen: Ein Grund für seine Eignung als Agent für spezielle Operationen sei damals gewesen, dass er an sogenannter Anaphrodisie leide – an sexueller Trieblosigkeit. Aufgrund seiner Asexualität sei er immun gegenüber den Reizen, die von russischen Doppelagentinnen ausgingen, und könne sich deshalb voll und ganz auf seinen Job konzentrieren. Zu oft seien russische Agenten den fatalen Verlockungen trügerischer Doppelagentinnen verfallen und hätten durch ihr Verhalten groß angelegte Operationen ruiniert.

Leider sei ihm seine besondere Gabe nun aber zum Verhängnis geworden. Aufgrund seiner Asexualität habe er natürlich nicht nach einer Lebensgefährtin gesucht, und hierdurch seien ihm seine Häscher aus den Reihen des russischen Geheimdienstes vermutlich schon dicht auf den Fersen. Das Risiko seiner Enttarnung wachse täglich. Als unerfahrener Junggeselle sei es ihm bisher nicht geglückt, eine Tarnung aufzubauen und eine vertrauenswürdige Frau in sein Geheimnis einzuweihen, deshalb wolle er nun Kristina fragen, ob sie nicht für die nächsten paar Wochen so tun könne, als wäre sie seine Freundin. Ihr vertraue er, schließlich sei sie eine Landsmännin und auch sonst sehr nett.

Natürlich hatte Kristina Bedenken, nicht zuletzt ihrer Beziehung zu Moritz wegen, aber Anatol beschwichtigte sie: Selbstverständlich wäre alles nur zum Schein. Sie müsse ihn nur regelmäßig am Nachmittag in seiner Wohnung besuchen und ein bis zwei Stunden bei ihm verbringen. Hätte ihn der russische Geheimdienst schon im Visier, würden die Agenten auf diese Weise schnell merken, dass er unmöglich der gesuchte asexuelle Ex-Agent sein könne. Sie würden ihn von der Liste der Verdächtigen streichen und ihn fortan in Ruhe lassen.

Anatol tat Kristina leid. Zwar war auch ihr bewusst, wie unwahrscheinlich es wirken musste, dass sie, die attraktive zierliche Studentin, sich auf den stark beleibten, deutlich älteren und irgendwie schmierigen Anatol einließ, aber wenn Anatol davon überzeugt war... Und was war schon dabei, für ein paar Wochen einen asexuellen Spezialagenten in seiner Wohnung zu besuchen? Sie könnte ihre Lernunterlagen mitnehmen, denn ob sie in der Universität oder bei Anatol lernte, war eigentlich auch egal. Nett und unterhaltsam war er, und irgendwelche Schweinereien führte er dank seiner Anaphrodisie mit Sicherheit auch nicht im Schilde. Im Nachhinein und von außen betrachtet, wirkt das alles sehr naiv, aber für Kristina ergab die Geschichte damals durchaus einen Sinn, und sie willigte ein, Anatol zu helfen.

Fortan kam sie jeden Tag zwischen 15:00 und 17:00 Uhr zu Anatol Zingerov nach Hause. Auf Anatols Bitte hin machte sie sich auffallend hübsch, trug knallroten Lippenstift auf, zog kurze Röcke an und schlüpfte in hohe Schuhe, um den FSB auf die falsche Fährte zu locken. Vor allem die hohen Schuhe waren laut Anatol sehr wichtig, denn es würde etwaigen Agenten sofort auffallen, wenn eine Frau in Stöckelschuhen sein Haus beträte. Auch das erschien Kristina nachvollziehbar, wenngleich es einen gewissen Aufwand für sie bedeutete, musste sie doch stets darauf achten, dass Moritz zu seinem eigenen Schutz nichts von der ganzen Sache mitbekam. Ihr aufreizendes Outfit und ihre Schminkutensilien packte sie in eine Tasche und zog sich auf einer öffentlichen Toilette in der Nähe von Anatols Wohnung um.

Die ersten Nachmittage bei Anatol verliefen gut. Er hatte ihr extra seinen Schreibtisch freigeräumt, damit sie ungestört lernen konnte. Diese Möglichkeit nahm sie dann auch dankend wahr, wenngleich das Ambiente sich als alles andere als förderlich erwies. Anatol schien einen gewissen Hang zum Chaos zu haben, wobei das noch recht freundlich ausgedrückt war. Überall in der Wohnung lagen alte Zeitungen und Joghurtbecher herum. Das

Essen, welches Anatol ihr anbot, servierte er auf Pappteller. Dazu hätte ein Flaschensammler seine wahre Freude an Anatols Wohnung gehabt. Nichtsdestotrotz, Kristina wollte sein Vertrauen nicht enttäuschen, und die Zeit, die sie in seiner Wohnung zubringen musste, war ja glücklicherweise begrenzt.

Doch leider sollte alles ganz anders kommen: Nach einer guten Woche wurde Kristina, die regelmäßig und aufreizend gekleidet bei Anatol erschien, von einem sichtlich nervösen und aufgeregten Anatol empfangen. Bei ihrer Ankunft drehte er sogleich das Wasser in der Küche auf und stellte das Radio auf volle Lautstärke. Sodann präsentierte er ihr einen kleinen unscheinbaren schwarzen Gegenstand. Anatol war davon überzeugt, dass es sich um ein vom FSB verstecktes Mikrofon handelte. Offenbar hatte der russische Geheimdienst Anatols Wohnung verwanzt, um sicherzugehen, dass es sich bei Kristina auch wirklich um seine Freundin handelte. Anatol war verzweifelt. Erführe der FSB von seiner wahren Identität, wäre sein Leben verwirkt. Die Polonium-Vergiftung Alexander Litwinenkos sei dagegen noch ein netter Tod, schließlich wiege sein Verrat an der russischen Nation deutlich schwerer. Auf dem USB-Stick, so viel verrate er ihr jetzt, seien sämtliche Namen russischer Doppelagentinnen im Ausland gespeichert, die auch den US-amerikanischen Präsidenten Donald Trump bezirzten, damit er nach Putins Pfeife tanzte. Es sei völlig klar, dass der FSB einen solchen Verrat mit ärgster Folter bestrafen werde, um ihn dann zu vierteilen und seine Gliedmaßen zur Abschreckung in alle Lande zu verteilen.

Kristina hatte ja nicht gewusst, was für sensible Daten

auf dem USB-Stick gesichert waren. Zum Glück wusste Anatol sofort, was zu tun war: Kristina und er mussten Anatols Anaphrodisie zum Trotz miteinander schlafen. Allein auf diese Weise könnten sie die lauernden FSB-Agenten täuschen und ihnen weismachen, dass sie eine aufregende sexuelle Beziehung unterhielten.

Nach kurzer Überlegung sah auch Kristina angesichts der – wie Anatol es ausdrückte – »drohenden Totalüberwachung« keinen anderen Ausweg. Es leuchtete ihr ein, dass allein der glaubhafte Anschein einer Affäre mit Anatol ihn vor dem sicheren Tod durch Putins Schergen retten konnte. Dafür war sie auch bereit, mit dem stark schwitzenden Anatol in seinem nicht weniger übel riechenden Bett zu schlafen, allerdings erst nachdem Anatol eine ganze Ladung Joghurtbecher und Pfandflaschen daraus entfernt hatte. Dann aber ging es bemüht lautstark und theatralisch zur Sache, der Geheimdienst hörte schließlich mit.

So vergingen einige Wochen mit zahlreichen Besuchen bei Anatol, die immer in lautstarken Sex mündeten. Anatol zeigte sich stets über die Maßen dankbar. Ihm sei bewusst, dass es für Kristina eine große Überwindung sein musste, mit ihm zu schlafen, doch sie müsse es ihm glauben: Für einen asexuellen Mann wie ihn sei es eine mindestens ebenso große Überwindung, selbst wenn jeder andere Mann ihn sicher um den objektiv betrachtet fantastischen Sex beneiden würde.

So auch Moritz, Kristinas Freund, der außerdem der Einzige war, der Anatols Wohnung überwachte. Mit der Zeit war ihm aufgefallen, dass Kristina mit einer bis dato nicht gekannten Regelmäßigkeit zwischen 15:00 und 18:00 Uhr verschwand und eine Tasche mit Stöckelschuhen und aufreizender Kleidung mitnahm. Eines Tages war er ihr dann heimlich gefolgt, und jetzt wartete er vor Anatols Wohnung, um Kristina abzupassen und zur Rede zu stellen.

Natürlich war Kristina einigermaßen überrascht, als sie so auffällig wie möglich aus Anatols Wohnung hinausstolzierte und ausgerechnet von ihrem Freund abgepasst wurde. Aber mehr noch war sie erleichtert. Trotz der lautstarken Szene, die er ihr auf der Straße machte, war sie sich sicher, dass er Verständnis für Anatols Situation und ihr Handeln aufbringen würde.

Um es kurz zu machen: Er verstand es nicht. Er verstand nicht, wie Kristina auf Anatols wahnwitzige Story hatte reinfallen können, und noch weniger, wie sie dann auch noch mit so einem unattraktiven Fettsack Sex haben konnte. So setzte er sich auch über Kristinas Einwände hinweg und sichtete die »brandgefährlichen« Daten auf dem USB-Stick. Erst danach fiel es auch der naiven Kristina wie Schuppen von den Augen. Anstelle von hochbrisantem Datenmaterial war darauf eine beeindruckende Sammlung von Pornos mit russischen Darstellerinnen gespeichert. Diese Entdeckung war für Moritz Grund genug, Anatol Zingerov wegen sexueller Nötigung anzuzeigen. Moritz kannte seine Freundin – ohne die Agenten-Story, die Anatol Zingerov Kristina aufgetischt hatte, hätte sie niemals mit diesem Mann geschlafen. Auf der Wache stellte sich dann heraus, dass der zwielichtige Anatol in Wirklichkeit Florian Singer hieß, aus dem Erzgebirge stammte und noch nicht einmal russische Vorfahren hatte.

Strafbar hatte sich Anatol, respektive Florian, trotz all der Lügen nicht gemacht. Zwar ist die Nötigung zu sexuellen Handlungen unter Androhung eines empfindlichen Übels strafbar, allerdings nur dann, wenn das Übel, das in Aussicht gestellt wird, dem Opfer droht. Nun hätte aber in Zingerovs Lügenkonstrukt der FSB nur ihn selbst gevierteilt. Deshalb stellte der Staatsanwalt das Verfahren mangels Strafbarkeit bald wieder ein.

Die *YourTaxi*-App hat Kristina mittlerweile wieder gelöscht, und Florian Singers Profil wurde von der App gesperrt: Die Verwendung eines falschen Namens stellte einen groben Verstoß gegen die Nutzungsbedingungen dar.

WORLD OF WHORECRAFT

Miri hasste die Schule, ebenso wie das Lernen. Dabei war sie nicht dumm. Den Wechsel von der Grundschule auf das Gymnasium hatte sie mit Bravour gemeistert, doch da sie nie für eine Prüfung büffelte, verschlechterten sich ihre Noten ab der siebten Klasse zusehends. Sie musste ein Schuljahr wiederholen, und als sie am Ende der achten Klasse in den Hauptfächern eine Fünf zu viel hatte, nahm sie ihr Vater vom Gymnasium und meldete sie an der Realschule an. Die Mittlere Reife schaffte sie mit Ach und Krach, aber auf die Suche nach einer geeigneten Ausbildungsstelle hatte Miri so gar keine Lust. Den Drohungen ihres Vaters, er werde sie nicht auf ewig durchfüttern, trotzte sie mit einem langen Blick aus ihren großen, braunen Augen, dem ihr Vater nichts entgegenzusetzen wusste. Sie war sein einziges Kind, sein Ein und Alles. Dazu plagte ihn das schlechte Gewissen, weil er Tag und Nacht in seiner Steuerkanzlei zubrachte, während seine Tochter mehr oder weniger auf sich allein gestellt war. Er hatte sich viel zu wenig um sie gekümmert und gemeinsam mit ihr gelernt.

Dabei wusste Miri sich durchaus die Zeit zu vertreiben. Nach Abschluss der Schule und ohne Ausbildung hatte sie eine Menge Freizeit, die sie recht häufig vor dem Computer verbrachte. In einem Online-Spiel erkundete sie mit ihrem fiktiven Rollenspiel-Charakter die Welt eines von Elfen, Zwergen, Orks, Gnomen, Trollen und Menschen besiedelten Planeten. An der Seite von mächtigen Kriegern, frommen Paladinen, mystischen Zauberern und schneidigen Schurken galt es Abenteuer, Prüfungen und Kämpfe zu überstehen.

Zur Belohnung für bestandene Aufgaben winkten Erfahrungspunkte oder eine Aufwertung der eigenen Ausrüstung durch Schutzkleidung, magische Ringe oder seltene, aber umso mächtigere Waffen.

Aus Langeweile und Frust über die »scheiß Schule« hatte sich Miri vor gut einem Jahr bei dem virtuellen Rollenspiel angemeldet und schnell Gefallen an der Zockerei gefunden. Geradezu überschwänglich war sie von der Spieler-Gemeinde aufgenommen worden. Kein Wunder: Als Spielfigur hatte sich Miri in der Online-Welt nämlich eine äußerst attraktive elfische Amazonen-Kriegerin namens Laura erstellt und diese detailverliebt und in stundenlanger Arbeit nach ihren Vorstellungen konfiguriert. Sogar die Farbnuancen des Lidschattens ihrer Elfenkämpferin hatte Miri nicht dem Zufall überlassen. Das Ergebnis ihrer Bemühungen war äußerst ansehnlich und ließ nicht nur die wenigen weiblichen Zockerinnen vor Neid erblassen, sondern überzeugte auch die männlichen Spieler. Die Frauenquote der registrierten Nutzer lag bei unter einem Prozent, sodass die wenigen Zockerinnen von den Nerds wie Prinzessinnen hofiert wurden. Miri wurde von ihnen gar wie eine echte Kaiserin verehrt, seit ihr sexy Profilbild aus dem »real life« in der Zockergemeinde publik geworden war, das ihrer virtuellen Spielfigur an Attraktivität in nichts nachstand. So mancher einsame Zocker war sofort schwer verliebt. Hinter den mutigen und muskulösen Kämpfern mit so klangvollen Namen wie »Flavius der Barbar«, »Duncan der Verführer«, »Anlimath von Saucken« oder »Bombard der Zerstörer« verbargen sich meist Jungs, die mit Frauen aus Fleisch und Blut kaum je ein Wort gewechselt hatten – Nerds, die den Großteil ihrer Zeit am Computer verbrachten und dementsprechend blass aussahen.

Kurzum, Miri avancierte zum irdischen Star der Szene, was sie geschickt für sich zu nutzen wusste. Denn wer auf Dauer in einem »Massively Multiplayer Online Role Playing Game« oder kurz »MMORPG« Erfolg haben will, der muss sich von den anderen 400 000 Mitspielern abheben. Entweder, man steckt viel Zeit in das stumpfsinnige Durchspielen der verschiedenen Level, oder man investiert echtes Geld aus dem Diesseits in die Aufwertung seines Charakters. Ja, auch mit Fiktion lässt sich im Äther des Internets Geld verdienen. Man denke nur an Bitcoins, die digitale Währung, die nur in Form eines Konglomerats aus Bits und Bytes besteht. Ein Bitcoin – etwas nicht Greifbares, das aus einer bloßen Aneinanderreihung von Nullen und Einsen besteht – hat heute den Wert von mehreren tausend Euro. Dagegen wirkt der Handel mit fiktiven Fantasy-Gegenständen im Rollenspiel fast schon solide. Irgendwie müssen schließlich auch die Hersteller des Onlinespiels ihr Geld verdienen. Bestimmte Waffen, wie »ultimate Power« oder zusätzliche »Charakterpunkte«

können deshalb im Tausch gegen das Hinterlegen der Kreditkartendaten erworben werden. Es ist ein Geschäft, das sich lohnt. Der Branchen-Riese Sony erzielt durch den Verkauf von virtuellem Gaming-Zubehör pro Jahr einen Umsatz von etwa 800 Millionen Euro.

Eigentlich geht es in der digitalen Fantasy-Welt also auch nicht anders zu als in der realen Welt: Leistung und Gegenleistung oder »do ut des« wie der Lateiner sagt – »Ich gebe, damit du gibst«. Auch den Spielern ist es möglich, untereinander Handel zu treiben: So kann ein Spieler, der einen Kampf gewinnt und die Rüstung seines Gegners erbeutet, diese wiederum Mitspielern zum Kauf anbieten und dadurch »Credits« sammeln, die er für andere virtuelle Gegenstände oder Kräfte eintauschen kann. Auch ist es möglich, Erworbenes oder Gekauftes wie Rüstungen und Schwerter zu verschenken.

Und da wären wir wieder bei Miri. Die war zwar recht angetan von dem Fantasy-Spiel, doch eine Hardcore-Zockerin war sie nicht. Sie hatte keine Lust, ewig zu spielen und viel Zeit zu investieren, um an besondere Gegenstände oder Kräfte heranzukommen. Um zu den Besten zu gehören, musste man ein richtiger Nerd sein, und das war sie nicht. Sie nutzte das Spiel vorerst nur, um zu chatten und um sich von ihrer großen Fangemeinde huldigen zu lassen. Ihr irdisches Sozialleben – sich mit Freundinnen zu treffen und ihrem liebsten Hobby, dem Shoppen, zu frönen – ging immer vor. Für nichts begeisterte sich Miri mehr als für teure Konsumgüter, die sie sich ohne ein geregeltes Einkommen allerdings kaum leisten konnte. Ebenjener Konflikt führte Miri die lukrative Seite des Online-Spiels und ihrer Fans vor Augen.

Die hatten anfangs nur mit kleinen Aufmerksamkeiten um Miri und die hübsche Amazonenelfe Laura gebuhlt – hier ein paar geschenkte Charakterpunkte, da ein paar Online-Credits und eine virtuelle Rüstung mit extra Panzerung. Miri und ihre Amazonenelfe waren so gefragt, dass es unter den Nerds mit der Zeit zu einem regelrechten Wettkampf darum kam, wer Miri für ein Bündnis mit seinem Charakter gewinnen konnte. Dabei interessierten sich die Spieler weniger für ihre Fähigkeiten als Spielerin, sondern vor allem für ihr Aussehen. Denn wer eine Amazonenelfe seine Verbündete nannte, deren Profilbild auch im »real life« einer Aphrodite glich, der erlangte in den Augen der Zocker die ultimative Kraft und das ultimative Ansehen.

In diesem stetig steigenden Interesse um ihre Aufmerksamkeit witterte Miri die Chance, ihrem Shopping-Hobby künftig noch exzessiver zu frönen. Warum sollte sie sich mit ein paar »Online-Credits« und irgendwelchen »ultimate power«-Versprechen begnügen, wenn doch eine ganze Heerschar von entrückten Fantasten danach lechzte, sie ihre Verbündete zu nennen.

Fortan ließ sich Miri jedes Bündnis, das sie online einging, teuer bezahlen. Hier mal einen Hunni, da mal einen Fuffi – je nach gewünschter Intensität des Bündnisses und nach Sympathie. Die »Freaks« – wie Miri sie abschätzig nannte – zahlten den Preis äußerst bereitwillig, auch und vor allem in harter irdischer Währung. Und so bot Miri ihren treuen Spielgefährten über die Online-Börse der Rollenspielplattform irgendwann auch ein bisschen mehr als virtuelle Bündnisse zur Bekämpfung von Orks und Untoten an. Ein per Mail verschicktes Bild von ihrem real-life Body im Bikini brachte ihr beispielsweise locker zweihundert Euro ein, und das unvergessliche Erlebnis, mit Miri via Videotelefonie zu chatten, ließ sich manch ein Rollenspieler bis zu vier Euro pro Minute kosten – vor allem angesichts der Tatsache, dass mit jeder Minute ein bisschen mehr von Miris nackter Haut gezeigt wurde.

Einer der fanatischsten Anhänger der Amazonenelfe war Andi: Nerd-Brille, pickliges Gesicht, ungepflegtes Äußeres, leichenblass. Andi hatte es in der Zocker-Community zu einiger Berühmtheit gebracht, war er doch einer der erfolgreichsten Spieler weltweit. Sein Zwergenkrieger namens »Mordred der Mächtige« war einer der bestgerüsteten virtuellen Kämpfer weltweit – verehrt von seinen Verbündeten, gefürchtet von seinen Feinden.

Andi besaß etwas, das kein einziger der anderen Zocker bisher sein Eigen nennen konnte: Excalibur, ein legendäres einhändig geführtes Langschwert, welches die kritische Trefferchance um ganze fünfzig Prozent erhöhte und zudem mit einem heiligen Feuer einen Schaden verursachte, gegen den fast alle Endgegner besonders empfindlich waren. Excalibur war die ultimative Waffe, mit der man fast jeden Gegner zur Strecke bringen konnte – rein virtuell natürlich.

Selbstredend war dieses Schwert extrem begehrt. Und deshalb konnte man es auch nicht einfach käuflich erwerben, vielmehr war Excalibur im wahrsten Sinne des Wortes einzigartig: In der gesamten Spielwelt gab es nur dieses eine Exemplar. Über Wochen und Monate hatte Andi alias »Mordred« in mühevoller Arbeit unzählige äußerst schwierige Aufgaben bestanden und die gefährlichsten Endgegner besiegt, um als erster Zocker das legendäre

Schwert zu erringen. In der Welt des Online-Spiels war Excalibur der Heilige Gral und das verlorene Bernsteinzimmer in einem, hatte also für die Rollenspieler einen schier unschätzbaren Wert. Spieler aus der ganzen Welt hatten Andi für das Schwert Beträge im fünfstelligen Euro-Bereich angeboten. Doch Andi war entschlossen, als unangefochtener Gewinner aus dem Rollenspiel um Macht und Zauberei hervorzugehen.

Wie es im Leben nun mal so ist: Erfolg macht sexy. Durch das legendäre Schwert Excalibur wurde selbst der im »real life« äußerst unattraktive Andi für eine Traumelfe wie Laura alias Miri interessant, wobei es ihr zugegebenermaßen eigentlich nur um das Schwert ging. Miri musste Excalibur haben, und sei es nur für einen kurzen Moment. Ein Screenshot ihrer virtuellen Spielfigur mit Excalibur in der Hand würde ihr noch mehr Aufmerksamkeit unter den Nerds einbringen, dessen war sie sich sicher.

Doch es gestaltete sich alles andere als einfach, »Mordred den Mächtigen« alias Andi dazu zu überreden, ihr das legendäre Schwert Excalibur zu leihen. Miris erstes Angebot – ein Oben-ohne-Bild – lehnte er rundweg ab. Seit er Excalibur besaß, musste er immer darauf gefasst sein, dass ihn sein virtueller Widersacher Kim angriff, um ihn von seinem ersten Platz auf der Rangliste zu verdrängen. Dazu genoss er das Ansehen seiner Mitspieler, was für ihn eine völlig neue Erfahrung war. Wenn er diesen Ruhm teilen sollte, dann musste Miri schon etwas Besseres als ein schnödes Oben-ohne-Bild anbieten. Ihm schwebte eine »Verbindung« in der realen Welt vor. Sein Vorschlag lautete: Laura alias Miri erhielt einige Stunden Zugang zu

Excalibur und der damit verknüpften »ultimativen power«, und im Gegenzug erhielt er das »ultimative Erlebnis« jenseits der virtuellen Welt: Sex mit Miri. Excalibur verlieh offenbar nicht nur seiner virtuellen Spielfigur ultimative Power. Miri willigte ohne zu zögern in Andis Angebot ein. Andi war begeistert. Er war achtundzwanzig und immer noch Jungfrau, nie hätte er sich träumen lassen, dass ihn sein virtueller Ruhm derart begehrt machen würde. Auf diversen Dating-Apps hatte er es bisher zu keinem einzigen »Match« gebracht, geschweige denn zu einem Treffen mit einer Frau. Zu seinem großen Bedauern war außerdem die Pornoserie »World of Whorecraft«, in der die Darsteller in den Kostümen von Fantasy-Spielfiguren auftraten, nach neunundsiebzig Folgen eingestellt worden. Die Vorstellung, dass er kurz davor stand, seinen ganz eigenen Porno zu erleben und das ausgerechnet mit der begehrtesten Amazone weit und breit, erschien ihm wie die Verheißung eines ultimativen Erlebnisses. Und wer wusste es schon? – Vielleicht erwies sich die Leihgabe an Miri ja auch als die Gelegenheit, um ein etwas stabileres »Bündnis« mit ihr zu knüpfen.

Was der liebestrunkene Andi nicht ahnte: Miri hatte gar nicht vor, ihren Teil der Abmachung einzuhalten. Nachdem sie den Screenshot von ihrer Spielfigur mit Excalibur in der Tasche hatte, war ihr der endgültige Durchbruch als weiblicher Star der Community sicher, auf Andis Hilfe war sie nicht mehr angewiesen. Die Resonanz der Zocker-Community auf den ersten Screenshot von ihrer virtuellen Amazone und Excalibur war gewaltig. Unzählige Fans überschütteten sie mit Gratulationen und Anfragen, darunter auch das ein oder andere unmoralische Angebot.

Kim, der koreanische Powergamer, machte Miri ein Angebot, das sie nicht ablehnen konnte: Umgerechnet etwa 20 000 Euro bot er ihr für das virtuelle Schwert Excalibur. Miri überlegte nicht lange und besiegelte den Deal über die Onlinebörse der Rollenspielplattform. Leihgabe hin oder her – solange sie Andi das Schwert nicht zurückübertragen hatte, gehörte es ihr und jetzt eben Kim. Miri ging erst mal für einige Tage offline und begab sich auf eine ausgedehnte Shopping-Tour.

Für Andi dagegen brachen gleich mehrere Fantasiewelten zusammen, als ihm sein Erzfeind Kim einen Screenshot des Transaktionsdeals mit Miri schickte sowie seines gnomischen Schurken King Kim, auf dem er mit Excalibur posierte. Andis entsetzte Nachricht an Miri blieb unbeantwortet: Sie hatte ihn in weiser Voraussicht auf sämtlichen Accounts geblockt.

Als Miri aber einige Tage später am frühen Abend die Tür zu ihrer Wohung öffnete, staunte sie nicht schlecht. Im Flur stand kein anderer als Andi, dessen blasses Gesicht sie sonst nur von seinem Online-Profil kannte. Über den Screenshot des Transaktionsdeals mit Kim hatte er ihren wirklichen Namen erfahren und sie auf diese Weise ausfindig gemacht. Andi zog Miri in den Flur, schloss die Tür mit einem gekonnten Tritt und schleifte sie in ihr Zimmer. Vertrag war Vertrag.

Dass es an diesem verhängnisvollen Abend tatsächlich zu Geschlechtsverkehr zwischen Andi und Miri gekommen war, stand später vor Gericht außer Frage. Aber im Hinblick auf das Einvernehmen dieses Aktes gingen die Versionen der beiden Parteien auseinander.

Dass Andi vor Gericht noch einmal auf die Vereinbarung verwies, die er online mit Miri getroffen hatte, bewahrte ihn nicht vor der vierjährigen Haftstrafe, die der Richter verhängte. Denn Sex gegen den Willen des jeweiligen Partners – auch gegen den Willen eines Vertragspartners – ist und bleibt verboten. Ob der Vertrag in der Welt der Elfen und Zwerge oder in unseren irdischen Sphären geschlossen wurde, spielt dabei keine Rolle. Weder die Staatsanwaltschaft noch das Gericht interessierten sich deshalb für die Transaktion rund um das Schwert Excalibur, denn eine Vergewaltigung ließ sich damit nicht rechtfertigen, und Andi verlor neben seinem Schwert auch noch seine Freiheit.

Dem Hörensagen nach soll sich Andi mit seiner Situation aber mittlerweile abgefunden haben, wohl auch deshalb, weil er in Erfahrung bringen konnte, dass sein unerbittlicher Widersacher Kim in einem Kampf der Schwertmeister von dem bis dato unbekannten Gamer »Bombard dem Zerstörer« besiegt worden war. Kim hatte einfach zu viel Geld in das Excalibur-Schwert investiert, sodass zu wenig für die Aufstockung seiner »ultimate Power« übrig geblieben war.

Wer sich im Internet auf die Suche begibt, der kann sich heute kaum noch verirren: One-Night-Stand-Portal, Elite-Partnersuche, Seitensprung-Plattform, Heiratsbörse – es gibt alles, was das Herz – oder ein anderer Körperteil – begehrt. Mittlerweile ist es mit der Dating-App *Trump Singles – Making Dating Great Again!* sogar einsamen Trump-Wählern möglich, einen passenden und konservativen Partner zu finden.

Sandro hatte sich auf fast allen größeren Dating-Seiten angemeldet. Er war, im Gegensatz zu den vielen anderen da draußen, nicht auf der Suche nach der Liebe fürs Leben, es ging ihm um etwas ganz anderes. Aber der Reihe nach. Anfangs hatte Sandro sich ganz klassisch auf der Suche nach unverbindlichem Sex auf einem Dating-Portal angemeldet und war auch schnell fündig geworden. Als Sportstudent war er körperlich fit, dazu versprühte er Charme, hatte Humor und genügend Erfahrung, um zu wissen, was die Ladys bei einem ersten Date hören wollten. Meist beteuerte er gegenüber seiner jeweiligen Verabredung, er sei auf der Suche nach seiner Traumfrau, aber spätestens, wenn er sich am Tag nach dem ersten Treffen nicht wie vollmundig angekündigt meldete, wurde auch seinem Date klar, dass er ein Casanova der ersten Stunde war. Sandros Dating-Fähigkeiten waren so elaboriert, dass er in fast neunzig Prozent der Fälle von seiner Begleitung mit nach Hause genommen wurde. Es war für ihn schlicht nicht von Vorteil, eine feste Bindung einzugehen, und er genoss die Abwechslung und die Spannung, die das erste Kennenlernen stets begleitete.

Auch an Sandro ging nicht vorbei, wie erfolgreich er war, sodass er nach einigen Dates dazu überging, seine Zahnbürste und Wechselunterwäsche in der Jackentasche mitzuführen, um am nächsten Morgen vor der Uni nicht noch einmal nach Hause zu müssen, sondern gleich in die Vorlesung zu gehen.

Nach einigen Monaten und einem Date nach dem anderen, mittlerweile traf er sich gar täglich mit verschiedenen Frauen, kündigte er kurzerhand seine Mietwohnung, verkaufte alle Möbel und lebte fortan das Leben eines Handlungsreisenden. Er hatte sich ausgerechnet, dass es sich einfach nicht lohnte, bei den teuren Münchner Mietpreisen und seiner Dating-Routine eine eigene Wohnung zu unterhalten. Wenn es wider Erwarten doch nicht mit dem Übernachten klappte, konnte er bei einem seiner Freunde unterkommen – was so gut wie nie vorkam.

Ab jetzt hatte Sandro immer einen gut gepackten Rucksack dabei, wenn er sich mit den Frauen traf, die er auf *Tinder*, *Lovoo*, *Friends24* und anderen Plattformen kennenlernte.

In diesem Rucksack befand sich sein gesamtes Hab und Gut. Sandro sparte durch dieses Vorgehen nicht nur sehr viel Geld für die Miete, auch seine sonstigen Lebenshaltungskosten waren äußerst niedrig, denn nicht selten sprang bei seinen Verabredungen ein selbstgekochtes Abendessen, in fast allen Fällen ein Frühstück raus, das Sandro stets mit gesegnetem Appetit zu sich nahm. Selbst wenn seine Bekanntschaft am Morgen noch schlief, legte er, bevor er das Haus verließ, einen Zwischenstopp am Kühlschrank ein. Dort hatte er bis dato noch immer ein paar Leckerbissen gefunden, die ihn über den Tag brachten, standen doch fast alle Frauen auf Alu- und Frischhaltefolie, sodass sich noch immer die Gelegenheit ergab, einen Snack für zwischendurch einzustecken.

Dass dies nicht unbedingt die feine englische Art war, das wusste natürlich auch Sandro, aber was hatte er schon zu befürchten? In einer Großstadt wie München war die Gefahr, dass sich seine Taktik rumsprach, äußerst gering. Und selbst wenn, Sport konnte er in so ziemlich jeder größeren deutschen Stadt studieren …

Allerdings hatte Sandro die Rechnung ohne Jana und Martina gemacht. Beide Studentinnen waren nicht nur überdurchschnittlich attraktiv, sie stellten auch gewisse Ansprüche ans Leben. Aus ihrer mickrigen Studentenbude wollten sie so schnell wie möglich raus, und so hatten sie sich unabhängig voneinander auf einer sogenannten Sugardaddy-Seite angemeldet. Die Internetseite versprach die Vermittlung wohlhabender, meist älterer Männer, die jungen, überdurchschnittlich hübschen Studentinnen finanziell »unter die Arme greifen« wollten – dabei erwies sich als Gegenleistung etwas körperliche Zuwendung durchaus als Vorteil.

Aufgrund ihrer überzeugenden Maße meldeten sich bei Jana und Martina schnell eine ganze Reihe von Herren, die sich darum rissen, sie zu finanzieren. Die meisten der spendablen Herren waren leider recht betagt. Der Altersdurchschnitt der Interessenten lag bei etwa vierundsechzig Jahren – wohlgemerkt der Durchschnitt –, selbst auf Kreuzfahrtschiffen und Kaffeefahrten liegt er deutlich darunter.

Als Jana und Martina bei ihrer Suche auf der Sugardaddy-Plattform dann auf einen verdammt gut aussehenden dreiundzwanzigjährigen Privatier mit dem Spitznamen »Sandronaut« stießen, war die Freude natürlich groß. Auf seinem Profilbild zeigte sich Sandro im Poloshirt von Ralph Lauren und weißer Jockey-Hose auf einem schwarzglänzenden Hengst, dessen Zügel er fest im Griff hatte. Beide Studentinnen waren sich sicher, dass es sich bei Sandro um einen schnuckeligen Millionärssohn handeln musste, der sich nach körperlicher Nähe sehnte und im Gegenzug gerne bereit war, seinen Reichtum mit ihnen zu teilen. Auf seinem Profil gab er an, seine zahlreichen Hobbys vereinnahmten ihn derart, dass er kaum Zeit fand, sich auf den üblichen Wegen um eine Frau zu bemühen, allein diese Enge der Zeit habe ihn auf die Sugardaddy-Seite geführt. Dass ihn das Profilbild bei der gesponserten Polomeisterschaft seiner Uni zeigte und das einzige, was ihm gehörte, sein charmantes Lächeln war, darauf wären die beiden Studentinnen im Leben nicht gekommen.

Auch als sich Martina und Jana zum ersten Mal mit »Sugardaddy« Sandro trafen, waren sie noch davon überzeugt, den Hauptgewinn gezogen zu haben, wenngleich beide später angaben, dass sie von dem Picknick im Park und dem mitgebrachten Essen in Frischhaltefolien doch überrascht gewesen waren. Von einem Millionärssohn hatten sie sich mehr erwartet – zumal Sandro das Essen aus einem Backpacker-Rucksack hervorgekramt hatte. Auch dass er gefragt hatte, ob man denn den Abend nicht bei Martina respektive Jana »ausklingen« lassen wolle, war so gar nicht in ihrem Sinne gewesen. Beide sagten aus, sie hätten angenommen, der Sugardaddy habe testen wollen, ob sie sich für ihn und nicht nur für sein Geld interessierten.

Als Sandro aber am nächsten Morgen verschwunden war, sich offenbar noch ein ausgedehntes Frühstück mit Obst, Joghurt und Knäckebrot in der Küche der Studentinnen gegönnt hatte und auch nicht auf ihre Anrufe reagierte, zeigten sowohl Martina als auch Jana Sandro wegen Betrugs bei der Polizei an. Schließlich lief sein Verhalten klar der unausgesprochenen Vereinbarung von der Sugardaddy-Plattform zuwider. Beide Frauen waren der Ansicht, einen Deal eingegangen zu sein. Für guten Sex erwarteten sie sich eine finanzielle Unterstützung, stattdessen hatte Sandro guten Sex inklusive freier Kost und Logis bekommen, ohne im Tausch etwas dafür zu geben.

Zu Martinas und Janas Entrüstung wurde aus ihrer Anzeige jedoch alles andere als ein großer Fall. Zwar hatte Sandro ihnen vorgespielt, ein Sugardaddy zu sein, einen Schaden, zumindest im juristischen Sinne, hatten sie dadurch aber nicht erlitten. Wird man von jemandem nach Hause eingeladen, schläft dann einvernehmlich miteinander, übernachtet und gönnt sich am Morgen danach noch ein kleines Frühstück, dann liegt das durchaus im Rahmen des Sozialüblichen. Wer freiwillig und unentgeltlich

Wohnung und Bett mit einem anderen teilt, der stellt dem Gast auch das hauseigene Frühstück in der Regel nicht in Rechnung. Abgesehen davon, hatten weder Martina noch Jana einen Dienstvertrag mit Sandro geschlossen, in dem klar geregelt war, dass Sandro Sex, Übernachtung und Frühstück nur dann erhielt, wenn er sie finanziell unterstützte.

Einen kleinen Sieg konnten Martina und Jana am Ende doch noch für sich verbuchen: Da der Fall rund um Sandro trotz Verfahrenseinstellung der Staatsanwaltschaft für einigen Wirbel in den Medien sorgte, blieb Sandro nichts anderes übrig, als sich einen neuen Studienplatz in einer anderen Stadt zu suchen. Nachdem sein Profilbild von der Sugardaddy-Seite in den Lokalmedien veröffentlicht worden war, konnte er die Blicke, die ihm seine Kommilitonen im Hörsaal zuwarfen nicht lange ertragen.

Gerüchten zufolge soll es an der Hamburger Fakultät für Sportwissenschaften seit Kurzem einen gut aussehenden Mittzwanziger geben, der stets mit einem großen Backpacker-Rucksack die Vorlesungen besucht. Es ist also Vorsicht geboten...

Mike war vor einem Monat über ein Informatik-Stipendium nach Deutschland gekommen. Bislang hatte er aufgrund seiner rudimentären Deutschkenntnisse außerhalb der Universität noch keinen Anschluss gefunden. Dabei war Mike Single und wollte während seiner Zeit in Deutschland unbedingt etwas erleben. In seiner Heimat Nigeria hatte er jede Menge Geschichten über die Freizügigkeit deutscher Frauen gehört, doch bislang hatten die sich nicht bewahrheitet. Dazu erschienen Mike die Dating-Gepflogenheiten in Deutschland zunehmend rätselhaft: Bei Uni-Partys standen alle verklemmt mit genau der Gruppe zusammen, mit der sie gekommen waren, und vor Kurzem hatte ihm eine streng dreinblickende Studentin mit Kurzhaarschnitt einen Flyer in die Hand gedrückt, auf dem ein großes Stoppschild abgebildet war. Darunter stand in fetten roten Lettern geschrieben: »NEIN HEISST NEIN! – Schutz vor sexueller Nötigung und Belästigung.« Mike verstand nur Bahnhof. War in Deutschland das unerwünschte Ansprechen von Frauen strafbar? Sein Wunsch nach einer Interaktion mit dem weiblichen Geschlecht ließ schlagartig nach, und auch mit der Motivation, Deutsch zu lernen, war es dahin. Mit seinem mittelmäßigen Englisch kam er in der Universität ganz gut über die Runden, und wenn er damit doch nicht weiterkam, benutzte er eine Übersetzungs-App.

Eines Tages saß Mike mit einigen seiner Informatik-Kommilitonen zusammen und vertraute ihnen bei ein paar Bier seine Sorgen und Nöte mit der Deutschen Frauenwelt an. Die lachten und verwiesen ihn aufs Online-Dating. In gelockerter Stimmung eröffneten ihm seine »Homeboys«, dass gerade »black men« bei deutschen Frauen sehr gefragt seien. Es gebe da sogar spezielle Dating-Plattformen.

Was seine Freunde vorschlugen, leuchtete Mike ein. Wenn deutsche Frauen nicht angesprochen werden wollten, dann musste man sie eben anschreiben.

Noch am selben Abend machte er sich auf die Suche nach einer passenden Dating-App. Allerdings war Mike nach seiner eigenen Wahrnehmung vom Hautton her nicht wirklich »black«, sondern eher »chestnut brown« – haselnussbraun. Da er bereits einiges über die sprichwörtliche »deutsche Gründlichkeit« und die damit verbundene Genauigkeit gelernt hatte, wollte er den Damen gegenüber mit offenen Karten spielen. Mit der von ihm umfassend genutzten App übersetzte er also die Suchbegriffe »chestnut-brown, man, dating, germany, blonde girls«.

Kaum hatte Mike sich auf einer der daraufhin angezeigten Online-Plattformen angemeldet, erhielt er schon die ersten Nachrichten. Sein Dating-Profil mit dem Alias »Mighty Mike« hatte er noch nicht mal vollständig ausgefüllt, abgesehen von seinem Profilbild enthielt es keinerlei Informationen zu seiner Person. Das schien die Interessentinnen jedoch nicht zu stören. So zugeknöpft sich die deutschen Frauen sonst gaben, online ergriffen sie unumwunden die Initiative. Offen schrieben sie ihm von ihrer Vorliebe für dunkelhäutige Männer, streuten ohne Hemmungen Worte wie »Sex« oder »Ficken« ein, und die verstand Mike auch ohne vertiefte Sprachkenntnisse – die Sprache der Lust ist dann doch einigermaßen international. Schon am Tag nach seiner Anmeldung waren zwei Frauen bereit für ein spontanes Treffen, dabei hatte Mike kaum mit ihnen gechattet. Dennoch hatten beide ihn sofort zu sich nach Hause eingeladen, nachdem er ihnen auf Anfrage ein Bild von seinem Penis gesendet hatte. Äußerlich entsprachen beide Frauen nicht unbedingt Mikes Geschmack: Die eine war Mitte zwanzig und stark übergewichtig mit Undercut, die andere schlank, aber verraucht und um die vierzig Jahre alt. Beide gaben sich eher burschikos – sonderlich aufreizend kleideten sie sich jedenfalls nicht. Aber Mike war das egal. Er wollte endlich etwas erleben, und tatsächlich zeigten sich die beiden Damen beim Sex auch als extrem motiviert. Beide wollten sofort zur Sache kommen und schienen mit dem, was sie sich von »Mighty-Mike« versprochen hatten, durchwegs zufrieden. So wenig man sich sprachlich verständigen konnte, so sehr konzentrierte man sich darauf, wofür man sich ja letztlich verabredet hatte: Sex. Wie gesagt: Die Sprache der Lust...

Ab diesem Tag ging es für Mike steil bergauf. Mighty Mikes Profil auf der Online-Plattform erwies sich als echter Renner, dabei war die Seite geradezu amateurhaft programmiert, und auch das Design wirkte altbacken im Vergleich zu den gängigen Dating-Seiten, dafür war die Anmeldung kostenlos gewesen. Wollte man selbst nach Profilen anderer Nutzer suchen, musste man einen monatlichen Beitrag von neunundzwanzig Euro bezahlen – worauf Mike verzichtete, schließlich war sein Stipendium nicht gerade üppig, und er kam ja auch ohne kostenpflichtige Anmeldung auf seine Kosten.

Mike gefiel es gut, dass die deutschen Frauen so direkt waren. Mitunter schrieben ihn sogar Männer an. Das waren forsche Nachrichten, die er stets mit einem freundlichen »Sorry no gay, only girls« quittierte. Die Typen reagierten darauf meist mit derben Beschimpfungen – soweit Mike das mit seinen rudimentären Deutschkenntnissen einschätzen konnte. Aber unerwünschte Kontakte konnte man zum Glück ganz einfach blockieren.

Auch einige der Frauen schickten ihm recht unverschämte Nachrichten – ein paar Schimpfwörter hatte Mike inzwischen schon gelernt –, jedoch schien ihm das die übliche Art zu sein, auf dieser Plattform zu kommunizieren. Ihm sollte es egal sein. Die Frauen, mit denen er Kontakt aufnahm, zeigten dafür umso mehr Interesse an ihm – und vor allem an seinem »Big Black Cock«, dessen Bild er mittlerweile unaufgefordert verschickte. Ergänzt um die harten Zahlen und Fakten zu seinem besten Stück – mit fünfundzwanzig Zentimetern Länge lag er weit über der durchschnittlichen Penislänge deutscher Männer –, ließen Zeit und Ort des erotischen Treffens auch nicht länger auf sich warten. Damit war die Kommunikation dann meist erschöpft.

Was Mike schlussendlich zu mir in die Kanzlei führte,

waren allerdings nicht die Frauen und Männer, die ihn beschimpften oder sich rassistisch äußerten, vielmehr hatten eines Abends zwei Herren an seinem Apartment gestanden, die sich als Mitarbeiter des bayerischen Verfassungsschutzes auswiesen. Den Grund für diesen Besuch hatte Mike nicht recht verstanden, für ihn war nur klar, dass er in ernsthaften Schwierigkeiten steckte, denn in seiner Heimat bedeutete ein Besuch vom Geheimdienst niemals etwas Gutes. Mike sorgte sich zu Recht. Denn wenn sich der Verfassungsschutz einschaltet, dann geschieht das fast ausnahmslos, wenn der Verdacht für ein staatsgefährdendes Kapitalverbrechen wie zum Beispiel Terrorismus vorliegt. Ich bat Mike also, mir offen und ehrlich zu erzählen, was ihn ins Visier des Verfassungsschutzes gebracht haben könnte. Unterhielt er beispielsweise Kontakt zu zwielichtigen Kommilitonen oder zu Kriminellen in seiner Heimat Nigeria? Mike versicherte glaubhaft, dass nichts dergleichen der Fall sei. Auch außerhalb der Universität seien seine Kontakte beschränkt. Er treffe sich ausschließlich mit Frauen, die er über die Online-Dating-Seite *Haselnuss-Romantik: Laune für Schwarz-Braune* kennenlerne.

Was Mighty Mike mit seiner Übersetzungs-App offenbar nicht herausgefunden hatte: Die von ihm rege genutzte Dating-Seite richtete sich an eine ganz andere Zielgruppe als von ihm vermutet. Die in Runenschrift gehaltenen deutlichen Hinweise, dass es sich um eine »Deutsche Kontaktplattform zum Erhalt der arischen Rasse« handle, hatte Mike wohl entweder übersehen oder schlicht nicht richtig verstanden. Dass sich auf der Seite ausschließlich Menschen mit tiefrechter Gesinnung tummelten und dass sie zudem umfassend dazu genutzt wurde, »braunes« Gedankengut auszutauschen, war wohl nur den knapp tausend anderen Nutzern klar gewesen – und dem bayerischen Verfassungsschutz.

Mike aber hatte in seinem unerschütterlichen Optimismus offenbar Konversationen wie diese als »Interesse« missinterpretiert:

Eva_88: Verpiss dich!
Mighty_Mike: Hi Eva, I do no pissing only normal fuck.

Magda G-Punkt: Untermensch!!!!!!
Mighty_Mike: You want to be on top?

Reife Leni: Fuck Nigger!!!!!
Mighty_Mike: Where do you want to meet?

Beate Blitzkrieg: *Leck mich!!!!!*
Mighty_Mike: And also fuck? *25 cm BBC* ☺
Mighty_Mike: (hat ein Foto gesendet)

Beate Blitzkrieg: Okay, aber not tell irgendwem!

Was soll man dazu noch sagen? Wie hätte Mike darauf kommen sollen, dass es sich nicht um eine Dating-Plattform handelte? Schließlich waren seine Bemühungen ja durchaus von Erfolg gekrönt. Auf seine ganz eigene Art und Weise, so könnte man sagen, hatte er noch dazu einen Beitrag zur Reintegration von Neonazis in die Gesellschaft geleistet. Immerhin hatten sich nicht wenige der Frauen mit rechter Gesinnung auf Mike eingelassen, der den arischen Wunschvorstellungen von Adolf Hitler ungefähr so wenig entsprach wie Hitler selbst. Den von »Mighty Mike« beglückten deutschen Mädels schienen jedenfalls Penismaße ihrer Dates deutlich wichtiger zu sein als blonde Haare und blaue Augen. Die Nazis aus den 30er-Jahren hatten offensichtlich bei der Definition der »perfekten Rasse« wesentliche Merkmale ausgelassen, vielleicht ja aus Scham der deutschen Durchschnittspenisgröße wegen, wer weiß.

Ein Anruf beim Verfassungsschutz brachte dann auch die Entwarnung für Mighty Mike: Aufgrund seiner regen Kontakte in die Neonazi-Szene hatte man ihn lediglich als V-Mann anwerben wollen. Mein Mandant lehnte aber dankend ab: Von tiefer gehenden Kontakten mit der braunen Haselnuss-Romantik hatte er vorerst genug.

Georg konnte einem leidtun. Die schöne Silke hatte eine wirklich fiese Masche mit ihm abgezogen. Immerhin stand er nicht allein da: Etwa vierhundert weitere Männer waren auf Silkes Tricks hereingefallen, obwohl sie allesamt weder leichtgläubig noch unerfahren waren. Silke hatte ihre Rolle einfach perfekt gespielt.

Kennengelernt hatte Georg die schöne Silke über die Dating-Plattform *Partnerschaft.de*, auf welcher er sich auf Empfehlung seiner Arbeitskollegen angemeldet hatte. Gleich nach seiner Anmeldung hatte Silke ihm eine sympathische und persönliche Nachricht geschrieben. Georg war sehr angetan von ihr und hatte sich Hals über Kopf in sie verliebt, noch ehe die beiden auch nur ein Wort miteinander gewechselt hatten. In ihrer Flugbegleiterinnen-Uniform sah sie einfach umwerfend aus: Top-Figur, adrette Erscheinung und dazu ein unwiderstehliches Lächeln. Sie sah aus wie ein Werbemodel für eine Fluglinie. Dazu stufte das Portal Georgs und Silkes Profilangaben als zu neunzig Prozent kompatibel ein.

Tag und Nacht arbeitete Georg daraufhin fieberhaft an

seiner ersten Antwort und fragte seinen gesamten Freundes-, Bekannten- und Kollegenkreis um Rat. Anfangs waren alle noch ehrlich bemüht, ihm zu helfen, erst als es in Georgs Leben kein anderes Thema mehr gab als Silke, reagierten sie zunehmend genervt. Irgendwann schrieb er Silke täglich, und die beantwortete seine Nachrichten stets sehr liebevoll – Georg konnte sein Glück kaum fassen. Er war keine schlechte Partie, sah gut aus, hatte einen gut bezahlten Job als Anlageberater, eine Eigentumswohnung, und vor Kurzem hatte er ein kleines Ferienhäuschen auf Mallorca geerbt, aber seiner Meinung nach war eine Traumfrau wie Silke nicht seine Liga. Deshalb ließ Georg solcherlei Eckdaten über ihn beflissen in seine Nachrichten an Silke einfließen, in der Hoffnung, in ihrem Ansehen zu steigen. Doch Silke schien sich für diese materiellen Dinge nicht sonderlich zu interessieren. Auf seine wenig subtilen Angebereien reagierte sie stets taktvoll und höflich, aber mehr auch nicht, sodass Georg das Balzen, das ihm im Nachhinein recht peinlich war, bald wieder unterließ.

Trotz aller digitalen Kompatibilität gestaltete sich ein Treffen mit Silke schwierig. Laut eigenen Angaben wohnte sie mehr als vierhundert Kilometer von ihm entfernt und reiste berufsbedingt um die halbe Welt. Für »seine« Silke wäre Georg auch auf den nächsten oder übernächsten Kontinent geflogen, aber er wollte sie nicht drängen, schließlich sollte das erste Treffen perfekt sein. Nachdem sie einander über einen Monat geschrieben hatten, wagte Georg dann aber doch einen vorsichtigen Vorstoß und schlug ein persönliches Treffen vor. Silke freute sich wahnsinnig über den Vorschlag, zumindest schrieb sie ihm das. Leider gab es gewisse terminliche Probleme. In der nächsten Zeit sehe es ziemlich schlecht aus, schrieb sie, es gebe personelle Engpässe bei ihrer Airline, weshalb sie Georg leider vertrösten müsse. Jedes Mal, wenn Georg ihr danach einen Termin vorschlug, um sie zu besuchen, war Silke leider verhindert, meist weil sie beruflich eingebunden war. Dabei hielt sich Georg in seinen Nachrichten vornehm zurück. Er hatte von Beginn an klargestellt, dass er sich selbstverständlich ein Hotel nehmen werde und sie wirklich nur schick zum Essen einladen wolle; er fände es nur schön, einander endlich auch persönlich kennenzulernen.

Spätestens als sie es nach drei Monaten auch ablehnte, mit Georg zu telefonieren, hätte er wohl misstrauisch werden müssen. Aber auf seine Nachricht hatte Silke mit entwaffnender Ehrlichkeit geantwortet, sie telefoniere überhaupt nicht gerne und fühle sich dabei irgendwie komisch. Sie sei da seltsam schüchtern, ein persönliches erstes Treffen sei ihr lieber. Georg zeigte Verständnis, schließlich waren da ja auch noch die vielen Fotos, die sie ihm regelmäßig von den weit entfernten Orten schickte, die sie als Stewardess bereiste. Hin und wieder waren auch Strandfotos von ihr dabei, sodass Georg seine Silke ab und an im Bikini zu sehen bekam – wenn auch nur auf dem Foto. Nein, dieser Frau konnte man einfach nicht misstrauen.

Seine Freunde und Kollegen rollten nur noch mit den Augen, wenn sie sich mit Georg trafen. Es machte keine Freude mehr, sich mit ihm zu verabreden, zückte er doch alle fünf Minuten sein Handy, um nachzusehen, ob ihm seine Traumfrau vielleicht geschrieben hatte. Für Georg gab es nichts anderes mehr als Silke, Silke, Silke.

Das erklärt wohl auch, warum er sofort zur Bank ging, fünfhundert Euro abhob und über den Bezahldienst Western Union an Silke schickte, als sie sich verzweifelt aus Südafrika an ihn wandte. Mitten in der Nacht hatte sie ihm geschrieben, dass sie ihn darum bitten müsse, ihr etwas Geld zu leihen, obwohl es ihr sehr unangenehm sei. Sie habe während ihres Layovers, den freien Tagen, ehe sie ihren nächsten Flug zurück nach Deutschland betreute, eine kleine Rundtour gemacht und sei inmitten der afrikanischen Savanne ausgeraubt worden. Jetzt brauche sie dringend Geld, um zurück zu ihrer Crew in die Hauptstadt zu gelangen. Selbstverständlich versicherte sie Georg, das Geld nach der Landung in Deutschland sofort zurückzuzahlen, beispielsweise bei einem persönlichen Treffen, das längst überfällig sei.

Da Silke noch nie irgendwelche Forderungen an ihn gestellt hatte und der Betrag darüber hinaus eher klein und ihrer misslichen Lage angemessen war, hatte Georg keine Sekunde gezögert, zu tun wie ihm geheißen. Hätte es sich um fünftausend Euro gehandelt, wäre Georg vermutlich deutlich skeptischer gewesen – obwohl er im Nachhinein einräumen musste, dass er wohl auch diese Summe anstandslos angewiesen hätte. Die läppischen fünfhundert Euro taten ihm nicht weh. Er nahm sich sogar vor, das Geld nicht zurückzuverlangen, um sich bei dieser Gelegenheit als charmant, großzügig und verständnisvoll zu erweisen.

Doch es sollte sich keine Gelegenheit dafür ergeben, denn auch dieses Treffen mit Silke fand nicht statt. Offenbar hatte sie das Interesse an ihm verloren und antwortete ihm immer seltener auf seine Nachrichten. Irgendwann reichte es Georg dann doch, und er stellte sie in einer E-Mail zur Rede. Silke gab zu, dass sie mittlerweile einen anderen Mann kennengelernt hatte. Sie habe erkannt, dass Georg und sie einfach nicht zusammenpassten. Sein Geld werde sie ihm aber natürlich zurückzahlen. Georg war tief verletzt und viel zu stolz, um darauf zu antworten. Nun musste sein geschrumpfter Freundeskreis über Wochen ertragen, wie er sich in Selbstmitleid suhlte.

Doch die Zeit heilt bekanntlich alle Wunden, und so kam Georg irgendwann über Silke hinweg – bis sie eines Tages auf einem Inlandsflug von Frankfurt nach Münster/Osnabrück leibhaftig vor ihm stand. Er erkannte sie sofort, als sie in all ihrer Schönheit am Eingang der Maschine die Fluggäste begrüßte. Beinahe wäre ihm sein Aktenkoffer aus der Hand gefallen, so sehr erschrak er. Er konnte nicht anders, als sie für einen kurzen Moment einfach nur schweigend anzustarren, was die schöne Silke mit einem bezaubernden Lächeln quittierte, als wäre nie etwas zwischen Ihnen vorgefallen.

Georg wusste gar nicht, was er sagen sollte, und nahm seinen Platz ein. Als Silke ihm seine Diät-Cola servierte und ihn abermals freundlich anlächelte, fasste er wieder Hoffnung. Vielleicht war alles nur ein Missverständnis gewesen? Er musste sich unbedingt mit Silke aussprechen!

Nach der Landung auf dem kleinen Flughafen blieb er zunächst wie angewurzelt auf seinem Platz sitzen, bis fast alle anderen Passagiere ausgestiegen waren. »Jetzt oder nie«, sagte er sich, nahm all seinen Mut zusammen und ging mit klopfendem Herzen Richtung Ausgang. Silke schien ihn schon zu erwarten. Stammelnd brachte er heraus, dass er sie schlicht unfassbar attraktiv fände und sie unbedingt persönlich kennenlernen müsse. Zu seiner Überraschung sagte Silke tatsächlich Ja. Sie bot an, ihn noch am selben Abend auf einen Drink zu begleiten. In Münster sei ihr ohnehin immer so langweilig, und es sei für heute ihr letzter Flug gewesen. Er solle doch einfach am Ausgang der Flughafenhalle warten, und dann könne man die Details des Abends weiter besprechen.

In der Halle tigerte Georg nervös auf und ab. Würde sie wirklich auftauchen oder doch wieder einen Rückzieher machen? Es sollte die gefühlt längste halbe Stunde seines bisherigen Lebens werden, doch schließlich eilte sie mit einem strahlenden Lächeln auf ihn zu und sah noch umwerfender aus als zuvor. Dann stellte sie sich ihm als Amelie Habicht vor und fragte ihn nach seinem Namen.

Bei einem ersten Date ist es manchmal schwierig, ein geeignetes und interessantes Gesprächsthema zu finden. Dieses Problem hatten Georg und Amelie nicht.

Wer auch immer hinter Silkes Profil stecken mochte, Amelie Habicht war es jedenfalls nicht. Sie war fassungslos, als Georg ihr die ganze Geschichte über die vermeintliche Beziehung zu ihr erzählte. Tatsächlich stießen sie bei einer Online-Recherche auf einigen sozialen Plattformen auf weitere Profile, die ebenjene Bilder benutzten, die Silke an Georg geschickt hatte. Georg und Amelie waren sich einig: Das würden sie nicht auf sich sitzen lassen. Noch am selben Abend erstatteten sie auf der Polizeiwache in Münster Anzeige.

Das Ergebnis der Ermittlungen war nicht weniger überraschend als Amelies und Georgs Aufeinandertreffen: Nach der Auswertung von Silkes Profil und einem bundesweiten Aufruf mit Amelies Bild meldeten sich knapp vierhundert weitere Männer bei der SoKo Stewardess und gaben übereinstimmend an, der auf dem Foto abgebildeten Flugbegleiterin, die mal unter dem Namen Silke, mal unter dem Namen Marion, mal unter dem Namen Julia auftrat, fünfhundert Euro über den Bezahldienst Western Union überwiesen zu haben. Stets hatte sie die Masche angewendet, auf die auch Georg hereingefallen war. Die meisten Männer hatten keine Anzeige erstattet, der Betrag von fünfhundert Euro sei den Ärger nicht wert gewesen. Zudem war es den Herren peinlich, auf so eine billige Masche hereingefallen zu sein.

Wer hinter dem Profil von Silke, Marion und Co stand, konnte leider nicht geklärt werden. Der Empfänger von Überweisungen, die über den Bezahldienst Western Union getätigt werden, lässt sich nach der Transaktion nicht mehr ermitteln. Allein von den Männern, die der Polizei bekannt waren, hatte Silke rund zweihunderttausend Euro ergaunert, und wer weiß schon, wie viele sich nicht trauten, sich bei der Polizei zu melden.

Erst nachdem sie die Anzeige aufgegeben hatten, wurde Georg bewusst, dass die schöne Amelie sofort bereit gewesen war, sich mit ihm zu treffen. Sie war einfach genau sein Typ, und sympathisch war sie obendrein, soweit er das nach den wenigen Stunden ihrer Bekanntschaft beurteilen konnte. Also nahm er noch ein letztes Mal all seinen Mut zusammen und fragte sie nach ihrer Nummer ...

Partnerschaft.de und die anderen Dating-Seiten nahmen

die Hinweise der Polizei auf die falsche Silke sehr ernst und entfernten die Profile aus ihrem System. Viel geholfen hat das nicht, denn die gute Silke ist längst wieder aktiv, diesmal mit einer ganz neuen Masche: »Zahle fünf Euro, und sieh was passiert«, steht unter ihrem verführerischen Profilbild. Das Ergebnis? Die Männer, die bezahlen, werden kommentarlos als Match gelöscht.

Georg ist den unbekannten Trickbetrügern mittlerweile dankbar, denn heute ist er mit Amelie zusammen. Jedes Mal, wenn er sie aber aus Versehen Silke nennt, muss er fünfhundert Euro zahlen – in die Urlaubskasse …

Ramona war in Hunde vernarrt. Schon seit ihrer Kindheit träumte sie davon, einen eigenen zu haben, aber ihre Eltern hatten es ihr immer verboten. Solange sie bei ihnen wohnte, würde dieser Wunsch nicht in Erfüllung gehen: Ihr Vater hasste Hunde, ihre Mutter hatte eine Tierhaarallergie, und eine eigene Wohnung konnte sich die Soziologiestudentin noch nicht leisten.

Aber Not macht bekanntlich erfinderisch. Ramona meldete sich kurzum auf einer Online-Plattform an, auf welcher Hundebesitzer geeignete Hundesitter – meist Schüler und Studenten – für ihre Lieblinge finden konnten. Gerade in Ballungszentren sind Hundesitter sehr gefragt, da die Auslaufmöglichkeiten für Vierbeiner begrenzt sind – die meisten Hundebesitzer haben keinen Garten, in dem sich das geliebte Haustier die Beine vertreten könnte, und der Nachbar kann üblicherweise nicht mal kurz während des Urlaubs auf den kleinen Wadenbeißer aufpassen.

Ramonas freundliche und zuverlässige Art sprach sich schnell herum, und bald konnte sie sich ihre Kunden aussuchen. Bei der Auswahl verließ sie sich stets auf ihr

Bauchgefühl, denn nicht nur mit den Hunden, sondern auch mit den Haltern musste die Chemie stimmen. Deshalb war sie dazu übergegangen, vor einem neuen Auftrag ein unverbindliches Kennenlernen mit Hund und Halter zu vereinbaren, und entschied erst danach, ob sie sich dem Tier dauerhaft annehmen wollte.

So erteilte sie beispielsweise auch dem Halter von Schäferhündin Mia, einem fettleibigen und ungepflegten Frührentner namens Vincent, eine höfliche Absage. Er hatte einen äußerst unsympathischen Eindruck hinterlassen. Bei ihrem ersten Besuch hatte Vincent sie umarmt und ihr einen feuchten Kuss auf die Wange gedrückt, anstatt ihr die Hand zu geben. Eigentlich wusste Ramona nicht, was trauriger war: dass das Herrchen einen ebenso verwahrlosten Eindruck machte wie sein Hund oder umgekehrt. Vermutlich war der wahre Grund, warum Vincent nach einer Betreuerin für seine Mia suchte, dass er selbst eine Betreuerin brauchte. Das hatte er natürlich nicht angegeben. Er sei aus gesundheitlichen Gründen nicht mehr so oft in der Lage, Mia auszuführen. Schade, dass Hunde sich ihre Halter nicht aussuchen können, dachte Ramona beim Anblick der altersschwachen Schäferhündin. Ihr struppiges Fell, an einigen Stellen fehlten ganze Haarbüschel, war offensichtlich schon seit Monaten nicht mehr ordentlich gewaschen worden. Auch Mias Krallen hätten längst gestutzt werden müssen. »Wie der Herr, so 's Gescherr«, dachte sich Ramona.

Am liebsten hätte sie sofort nach Vincents schmieriger Umarmung kehrtgemacht, aber Mia tat ihr leid. Deshalb entschied sie sich, eine ausgedehnte Proberunde mit ihr Gassi zu gehen, und es bereitete dem armen Tier sichtlich Freude, mit Ramona spazieren zu gehen, gestreichelt zu werden und aus der muffigen Wohnung rauszukommen. Sie blühte regelrecht auf. Ramona verlängerte die Gassi-Zeit spontan um eine knappe Stunde, auch um das erneute Zusammentreffen mit dem schmuddeligen Vincent hinauszuzögern.

Als sie Mia nach dem Spaziergang wieder an Vincent übergab, war sie schon fast so weit, den Job doch noch anzunehmen. Aber die lüsternen Blicke des Frührentners, sein penetranter Geruch nach Schweiß und die erneute Umarmung erinnerten sie daran, dass sie auch in diesem Fall auf ihr Bauchgefühl hören sollte. Höflich teilte sie Vincent zum Abschied mit, dass sie sich mit Mia sehr gut verstehe, aber noch einige andere Interessenten habe. Sie werde sich wieder bei ihm melden, wenn sie eine Entscheidung getroffen habe. Ein paar Tage später sagte sie über die Chat-Funktion der Plattform mit einem Verweis auf ihren engen Terminplan und ihre anstehenden Prüfungen höflich ab.

Der schmierige Vincent gab sich damit jedoch nicht zufrieden. Mehrfach schrieb er sie über die Plattform an. Sie habe sich so gut mit Mia verstanden, ob sie nicht doch etwas Zeit für sie finden könne? An der Bezahlung solle es nicht scheitern, er könne vielleicht noch etwas drauflegen. Es sei einfach schwer, eine Hundesitterin zu finden, die mit der sensiblen Mia klarkäme. Ramona hatte Mitleid mit Mia, aber ein weiteres Treffen kam für sie angesichts des übergriffigen Herrchens nicht in Frage. Nach mehreren höflichen Absagen ließ Vincent sie endlich in Ruhe.

Einige Monate waren ins Land gezogen, als Ramona wider Erwarten erneut Nachricht von Vincent erhielt. Der Betreff lautete: »Mias letzter Welpengeburtstag«. In der Nachricht entschuldigte sich der Hundehalter inständig für die Zudringlichkeit bei ihrem ersten Treffen. Er bereue das sehr, zumal sich auch in der Folgezeit niemand gefunden habe, der so liebevoll und einfühlsam mit Mia umzugehen verstand wie sie. Noch Tage nach Ramonas Besuch sei Mia viel lebensfroher und lebhafter gewesen. Das sei ihm sofort aufgefallen, schließlich seien Mia und er schon seit ihrer Welpenzeit ein Team. Vincent schrieb weiter, dass er schon immer mit Mia deren Welpengeburtstag gefeiert habe und dies auch für die kommende Woche plane. Es sei wohl Mias letzter Welpengeburtstag: Sie sei nämlich todkrank und habe nach Angabe des Tierarztes nur noch wenige Wochen zu leben. Aus eben diesen Gründen fragte Vincent bei Ramona an, ob sie Mia zuliebe nicht trotz ihres strengen Terminplans noch einmal vorbeikommen könnte.

Der Nachricht beigefügt waren einige Bilder, die Mias kläglichen Zustand dokumentierten. Der tieftraurige Hundeblick des armen Tiers erweichte Ramonas Herz. Sie sagte zu, versicherte sich aber zuvor, dass der Welpengeburtstag außerhalb von Vincents Wohnung stattfinden würde.

Die Zeit mit Mia war dann wirklich schön. Schon als Ramona sich der Haustür näherte, konnte sie Mias freudiges, wenn auch leises Bellen vernehmen. Es erfüllte Ramonas Herz, wie glücklich Mia in ihrer Gegenwart war. Und selbst Vincent verhielt sich an diesem Tag vorbildlich. Er trug halbwegs frische und saubere Kleidung und hatte vermutlich sogar geduscht. Entgegen ihren anfänglichen

Bedenken sagte Ramona nach dem Ausflug zu, sich um Mia zu kümmern. Sie hatte sich endgültig in die Schäferhündin verliebt.

Je inniger das Verhältnis zwischen Mia und Ramona über die nächsten Wochen wurde, umso mehr vergaß Vincent jedoch seine offenbar nur kurzfristig wiederentdeckten Manieren. Schon beim nächsten Treffen umarmte er Ramona wieder und drückte ihr einen widerlich feuchten Kuss auf. Hätte Ramona sich nicht so sehr um Mias Wohl gesorgt, sie hätte sofort wieder gekündigt. Aber der Hund war ihr so sehr ans Herz gewachsen, dass sie sich zu diesem Schritt nicht durchringen konnte. Und selbst als der schmierige Vincent aufhörte, sie für ihre Arbeit zu bezahlen, mahnte sie die offenen Rechnungen nur noch halbherzig an und zog daraus keine Konsequenz. Und das war nur der Anfang, es sollte noch schlimmer kommen.

Eigentlich hatte Ramona sich angewöhnt, Mia möglichst schnell und ohne langen Small Talk an der Tür zu übernehmen und sie gleich nach draußen zu führen. Vincents übergriffigen Umarmungen wich sie mittlerweile geschickt aus, doch als sie Mia dieses Mal abholte, ließ Vincent Mias Leine fallen, sodass Ramona sich danach bücken müsste, um sie an Mias Halsband zu befestigen. Genau darauf hatte es Vincent offenbar angelegt, und als sie sich wieder aufrichtete, stand er so dicht hinter ihr, dass sie seinen Atem direkt im Nacken spürte. Panik überkam sie. Mit entsetztem Blick drehte sie sich zu Vincent um, dessen Geruch immer unerträglicher zu werden schien. Der grinste sie breit an und sagte mit einer unglaublichen Dreistigkeit: »Nicht nur Mia braucht ihre Streicheleinheiten. Wenn du weiterhin mit meinem Hund Gassi gehen willst, wirst du auch mich ein bisschen streicheln müssen.«

Nun hätte man annehmen können, dass sich Ramona für kein Geld der Welt darauf eingelassen hätte, doch die Tierliebe der jungen Frau kannte offenbar keine Grenzen. Mia zu verlieren konnte sie sich nicht mehr vorstellen, da sie inzwischen eine enge Verbindung zu dem armen Tier aufgebaut hatte. Allein der Gedanke, dass Mia bei Vincent verenden könnte, war ihr unerträglich. Also beugte sie sich Vincents Erpressung, knüpfte dies jedoch ihrerseits an zwei Bedingungen. Erstens würde sie Vincent nur anfassen, wenn der sie im Gegenzug nicht berührte, und zweitens wollte sie dabei sein, wenn Mia eingeschläfert wurde. Der feiste Lüstling war ehrlich überrascht, dass sie sich überhaupt auf seine Forderung einließ, und stimmte enthusiastisch zu.

So entwickelte sich über die nächsten Tage und Wochen eine bizarre Routine: Bevor Ramona mit Mia Gassi ging, setzte sie sich zu Vincent aufs Sofa, öffnete den Reißverschluss seiner Hose, holte seinen Penis hervor und massierte diesen so lange, bis Vincent in ihre Hand ejakulierte. Sterile Feuchttücher hatte sie stets griffbereit.

Vermutlich hätte Ramonas Martyrium noch lange angedauert, denn das Ende des Hundes war mittlerweile nicht mehr ganz so absehbar. Doch die Ereignisse sollten sich überschlagen. Als sie einmal mehr bei Vincent zu Hause auf dem Sofa saß, erklärte dieser mit einem schmutzigen Lächeln auf den Lippen, er werde Mia einschläfern lassen, wenn Ramona nicht sofort mit ihm schlafe.

Auch wenn ihr Mias Wohlergehen sehr am Herzen lag, das konnte sich Ramona unter keinen Umständen vorstellen. So schnell sie ihre Füße trugen, eilte sie nach diesem Ereignis zu ihrem Freund Robert, der von Beruf Polizist war. Nicht um ihr eigenes Wohlergehen war Ramona besorgt, sondern nur um Mias, und so flehte sie ihren Freund an, »diesem psychopathischen Mörder« den Hund wegzunehmen. Dass sie von dem schmierigen Mann massiv sexuell belästigt und genötigt worden war, darum bekümmerte sie sich nicht, wohingegen Robert das umso mehr tat. Dass seine Freundin wochenlang einen anderen Mann mit der Hand befriedigt hatte, ging ihm entschieden zu weit.

Sofort zeigte er den schmierigen Lüstling an und benachrichtigte gleich darauf das Veterinäramt, deutete doch alles darauf hin, dass Mia von dem Mann grob vernachlässigt wurde. Der zuständige Staatsanwalt leitete dann auch umgehend ein Verfahren wegen sexueller Belästigung und Nötigung sowie wegen des Verstoßes gegen das Tierschutzgesetz gegen Vincent ein.

Doch das gewünschte Ergebnis blieb aus, die Verfahren wurden eingestellt, da sämtliche sexuelle Handlungen im Einvernehmen stattgefunden hatten. Zwar war Ramona damit unter Druck gesetzt worden, nicht mehr mit Mia Gassi gehen zu dürfen, wenn sie nicht auf Vincents Bedingungen einging, damit aber eine solche Drohung strafbar wird, müsste diese auch objektiv schwer wiegen, ein empfindliches Übel darstellen, wie der Jurist sagt. Hätte Vincent Ramonas körperliche Unversehrtheit bedroht, wäre die Sache eindeutig gewesen. Aber auch unter strengster Auslegung der Strafvorschrift stellte die Drohung, nicht mehr mit Mia Gassi gehen zu dürfen, objektiv betrachtet kein empfindliches Übel dar.

Dass das Veterinäramt immerhin feststellte, dass Mia altersbedingt längst hätte eingeschläfert werden müssen und das Hinauszögern der Einschläferung zugunsten der sexuellen Befriedigung des Hundehalters damit den Tatbestand der Tierquälerei erfüllte, war für Ramona nur ein schwacher Trost. Denn Mia wurde im Rahmen der veterinärärztlichen Wohnungsbegehung umgehend eingeschläfert – ohne Ramona.

Ahmeds Eltern waren völlig perplex, als morgens um 6:30 Uhr ein mobiles Einsatzkommando der Polizei die Wohnung stürmte. Zur gleichen Zeit nahmen einige Beamte Ahmeds beste Freunde Alexej und Julian als dringend Tatverdächtige einer Gruppenvergewaltigung fest.

Zwei Tage lang hatte die Polizei mithilfe eines Profilbilds nach Ahmed gefahndet, das sie von einer bekannten Dating-App für »Freundschaften Plus« heruntergeladen hatten. Seine Berufsschullehrerin hatte den achtzehnjährigen Schüler schließlich erkannt und sich bei der Polizei gemeldet. Sie war es auch, die anhand der Beschreibung des Opfers seine beiden Freunde identifizierte und die Verhaftung der drei mutmaßlichen Täter erst möglich machte.

Die Vorwürfe gegen die drei jungen Männer wogen schwer. Laut der Aussage des Opfers, der Kommunikationsdesignerin Caro, hatten die drei Jungs ihr während einer launigen Party K.-o.-Tropfen in den Drink gemischt, sie auf diese Weise außer Gefecht gesetzt und über Stunden sexuell missbraucht. Im Anschluss an die Tat hätten die Täter ihr zudem eine teure Designer-Handtasche – eine echte Louis Vuitton – samt Inhalt gestohlen.

Bei Ahmeds Festnahme stießen die Beamten gleich auf mehrere Taschen der Marke Louis Vuitton, von denen das Opfer eine als die ihre identifizierte. Der Inhalt der Tasche blieb verschwunden – darunter Handy und Geldbeutel. Letzterer war nach Caros Angaben gut gefüllt gewesen, da sie als Leiterin der Kommunikationsabteilung einer großen Bank gut verdiente, trotz ihres jungen Alters von sechsundzwanzig Jahren.

Caro war eine selbstbewusste Frau. So war sie es auch gewesen, die einen ihrer späteren Peiniger über die Online-Plattform *Love's out* angeschrieben hatte. Zwar war Ahmed gerade erst achtzehn Jahre alt geworden und damit knapp zehn Jahre jünger als sie, entsprach aber mit seinem südländischen Erscheinungsbild, dem sportlichen Körperbau und dem selbstbewussten Lächeln ihrem Typ.

Sie hatte nicht lange um den heißen Brei herumgeredet, beziehungsweise geschrieben und ihn ganz direkt gefragt, ob er spontan zu einer Privatparty in ihr Appartement im Herzen von München kommen wolle. Auch Ahmed war nicht von der schüchternen Sorte und zeigte sich durchaus interessiert an einem Treffen, lehnte für den besagten Abend aber höflich ab, da sein Freund Alexej seinen neunzehnten Geburtstag feierte und er und sein Kumpel ihn mit einem feuchtfröhlichen Männerabend überraschen wollten. Seine Bros gingen vor, auch wenn er eine so schöne Frau wie Caro natürlich lieber heute als morgen treffen wollte.

Caro hatte Ahmed daraufhin angeboten, seine Kumpels einfach mitzubringen, woraus sie bei ihrer polizeilichen

Vernehmung in der Opferambulanz auch keinen Hehl machte. Alkohol habe sie genug zu Hause, und zu mehreren sei es doch viel lustiger, zumal gleich um die Ecke ein stadtbekannter Club liege, den man später gemeinsam besuchen könne.

Ahmed überließ die Entscheidung seinen Jungs, die nicht lange überlegen mussten: Sowohl Caros sexy Profilbild als auch die Aussicht auf kostenlosen Alkohol überzeugten sie sofort.

Eigentlich sei der Partyabend mit den drei Jungs zunächst auch recht lustig verlaufen, erinnerte sich Caro. Sie habe mit den Jungs geflirtet und sich vorstellen können, mit dem hübschen Ahmed etwas anzufangen, dann aber habe Alexej ihr etwas von seinem Selbstgebrannten aus einem mitgebrachten Flachmann angeboten – »etwas ganz Besonderes« von seinem russischen Opa. Sie habe das zunächst abgelehnt, doch die Jungs, allen voran Ahmed, hätten sie geradezu genötigt, den »guten Wodka« zu probieren. Schließlich habe sie zugestimmt und einen tiefen Schluck von dem Gesöff genommen. Was danach geschehen sei, daran könne sie sich nicht mehr erinnern.

Am nächsten Morgen war Caro dann mit schrecklichen Kopfschmerzen aufgewacht und konnte erst gar nicht einordnen, wo sie sich befand und was in der Nacht zuvor geschehen war. Von den drei Jungs fehlte jede Spur, und das war noch nicht alles: Auch ihre Louis-Vuitton-Tasche, Handy und Geldbeutel und ihr Alkoholvorrat fehlten.

Caro behauptete, dass die Jungs, allen voran Ahmed, sie mit einer Mischung aus Alkohol und Drogen außer

Gefecht gesetzt hatten. Zudem deuteten auch die benutzten Kondome, die sie im Hausmüll entdeckte, darauf hin, dass sie nicht nur ausgeraubt worden war.

Die Polizei teilte ihre Ansicht, zumal Alexej für sie kein Unbekannter war: Mehrfach war er wegen Verstößen gegen das Betäubungsmittelgesetz strafrechtlich in Erscheinung getreten. Der selbstgebrannte Schnaps erschien den Beamten deshalb ganz besonders verdächtig. Eine DNA-Untersuchung der Kondome erhärtete außerdem den Tatverdacht des sexuellen Missbrauchs gegen Ahmed und Alexej.

Kurzum: Ahmed und seine beiden Kumpels hatten keinen guten Stand bei den Strafverfolgungsbehörden und in der Öffentlichkeit. Dazu klang Ahmeds Version des Abends nach einer erbärmlichen Schutzbehauptung: An viel könne er sich nicht erinnern. Zur Feier von Alexejs Geburtstag habe er mit seinen Freunden ein paar »dicke Dübel« geraucht und ordentlich gesoffen. Außerdem haue das selbstgebrannte Zeug von Alexejs russischem Opa echt rein. Aber mit der »Luxusschlampe« sei ganz bestimmt alles einvernehmlich gewesen, da sei er sich sicher. Die habe sich ihrerseits extrem an ihn und seine Freunde rangeschmissen und ihn sogar dazu genötigt, bei einem Vierer mitzumachen. Da er aber nicht »gay« sei, habe er ein paarmal im Schlafzimmer mit ihr gepoppt. Was Alexej mit der »Schlampe« gemacht hatte, entzog sich Ahmeds Kenntnis. Irgendwann müsse sie halt eingeschlafen sein. Da die »Boys« zu dem Zeitpunkt noch nicht müde waren, hatten sie für den Heimweg noch etwas von dem Alkohol in eine herumliegende Einkaufstasche gepackt. Mit anderen gestohlenen Wertgegenständen hätten weder er noch seine »Bros« irgendetwas zu tun, und von Miss-

144

brauch könne nie und nimmer die Rede sein, schließlich habe sie ihn und nicht er sie verführt.

Die Beamten kannten solche Schutzbehauptungen von Sexualstraftätern schon zur Genüge. Die Geschichte war einfach unglaubwürdig, selbst wenn man berücksichtigte, dass die Kommunikationsdesignerin über *Love's out* mit Ahmed geflirtet hatte. Zudem hatten die Beamten die teure Louis-Vuitton-Tasche ja längst in der elterlichen Wohnung des Tatverdächtigen sichergestellt – wenn auch der Inhalt der Tasche verschwunden blieb.

Selbst als die Polizei Ahmed mit diesen Fakten konfrontierte, zeigte er sich unbeeindruckt. So wertvoll könne diese Tasche nicht sein, seine Mutter habe solche Teile schließlich dutzendweise daheim. Sie hätten nur den Schnaps mitgenommen, von einem Handy oder gar Bargeld wisse er nichts, zumal er seine Unschuld beweisen könne: Sein Kumpel Julian habe mit dem Handy heimlich ein »heißes Video« gedreht, als er mit Caro zu Gange war.

Dieses Handy war nun aber ganz zufällig nicht mehr auffindbar, und so beließ der Haftrichter Ahmed im Gefängnis, wo er scheinbar hingehörte.

Nur wenige Tage später sollte der Fall jedoch eine ungeahnte Wendung nehmen. Ahmeds Mutter tauchte bei der Polizei auf und stellte resolut eine Damenhandtasche der Marke Louis Vuitton vor den Beamten auf den Tisch, die sie unter einem Haufen Klamotten in einem Winkel von Ahmeds Zimmer gefunden hatte. Darin fanden sich diverse Schnapsflaschen und ein Geldbeutel, durch den die Tasche eindeutig Caro zugeordnet werden konnte.

Die Kommunikationsdesignerin hatte offenbar die

falsche Louis-Vuitton-Tasche identifiziert, was Ahmed natürlich allein nicht entlastete, hätte seine Mutter nicht weitere Gegenstände aus der Tasche zutage befördert.

Neben Schnaps, Caros Handy und ihrem Geld fanden sich darin eine fast leere Packung Kondome, etwas Marihuana und Kiffer-Utensilien, dazu das bisher unauffindbare Handy von Ahmeds Kumpel Julian. Gekonnt wischte Ahmeds Mutter über das Display des Smartphones und öffnete eine Videodatei. Ahmed hatte offenbar die Wahrheit gesagt: Julian hatte tatsächlich aufgezeichnet, wie Ahmed mit Caro schlief, die dabei ganz und gar nicht widerwillig wirkte. Vielmehr war zu sehen und zu hören, wie Caro in der Reiterstellung auf ihm saß und rief: »Danach bist du dran Alexej.«

Noch am selben Tag wurden alle drei Jungs aus dem Gefängnis entlassen. Es war eindeutig zu sehen, dass Caro weder weggetreten war, noch gegen ihren Willen Sex hatte. Ahmed hatte offenbar die Wahrheit gesagt: Nach der Sexorgie hatten sich die Jungs in ihrem sturzbetrunkenem Zustand tatsächlich irgendeine Tasche geschnappt und sie, ohne vorher deren Inhalt zu prüfen, mit Alkohol beladen. Da sich keiner der Jungs mit Handtaschen oder Damenmode auskannte, hatten sie den wahren Wert der Tasche schlicht nicht erkannt, zumal Ahmeds Mutter jedes Jahr mehrere billige Fälschungen dieser Art aus der Türkei mitbrachte. Insgesamt waren die Beamten in der Wohnung auf mehr als dreißig Exemplare der Marke Louis Vuitton gestoßen. Es war also kein Wunder, dass Ahmed die Tasche im Suff für billige Massenware gehalten hatte.

Strafrechtlich verfolgt wurde Caro für ihre Falschaussage übrigens nicht. Ihre Angaben über einen Filmriss waren trotz des Beweisvideos nicht zu widerlegen. Sollte die Kommunikationsdesignerin bewusst gelogen haben, um den vermeintlichen Dieben einen Denkzettel zu verpassen, war ihr Plan ohnehin aufgegangen: Die drei Jungs hatten zur Strafe einige Tage im Knast geschmort, den von Julian gedrehten Amateurporno hatten die Beamten sichergestellt und damit endgültig aus dem Verkehr gezogen, und ihre Louis-Vuitton-Tasche, den Geldbeutel und das Handy erhielt sie wieder zurück. Ahmeds Mutter hatte weniger Glück: Ihre Taschen wurden wegen Markenfälschung einbehalten und vernichtet – bleibt nur zu hoffen, dass Caro auch wirklich die richtige Louis Vuitton zurückerhalten hat...

EINE KLEINE NACHTMUSIK

Einen solchen Schrei hatte wohl keiner der Gäste des edlen Restaurants jemals vernommen. Schrill brach er in das gehobene Ambiente, fuhr zwischen die dezente Klaviermusik und die leisen Gespräche. An einem der Tische sprang eine Frau im eleganten Abendkostüm so abrupt auf, dass ihr Stuhl nach hinten kippte. Blankes Entsetzen stand ihr ins Gesicht geschrieben, und sie schrie den Mann, der ihr gegenübersaß, mit sich überschlagender Stimme an: »Du Schwein – Polizei, Polizei!«

Noch konnte sich keiner der Gäste einen Reim darauf machen, was um Himmels willen passiert sein mochte. Einige der Anwesenden erinnerten sich später, dass der Tischherr der keifenden Dame noch kurz zuvor höflich und zuvorkommend aus dem Mantel geholfen und ihr den Stuhl herangerückt hatte – wer tat denn so etwas heute noch?

Auf den Hilfeschrei der Frau folgten einige Sekunden absoluter Stille, das Personal stand unentschlossen herum, die Gäste saßen wie paralysiert an ihren Tischen. Unter Schnappatmung kreischte die aufgebrachte Frau, dass es sich bei dem scheinbar so seriösen Herrn um einen »schmierigen Vergewaltiger« handle.

Jetzt kam Bewegung in die Sache. Der Restaurantleiter war schon unterwegs, und dazu eilte kein Geringerer als der Sternekoch des international bekannten Edelrestaurants aus der Küche herbei, um zu eruieren, was da in seinem Restaurant vorgefallen war. Schließlich hatte er regelmäßig hochrangige Persönlichkeiten aus Politik und Gesellschaft zu Gast, die Fachpresse schrieb mehr als wohlwollend über sein Restaurant, er hatte einen Ruf zu verlieren.

»Er hat onaniert«, fauchte die Frau den Restaurantleiter und den irritierten Koch mit vor Empörung bebender Stimme an. Offenbar war sie der Ansicht, dass die Mitarbeiter des Restaurants eine Mitschuld an den Vorgängen unter dem Restauranttisch trugen. Als hätten sie das impertinente Verhalten ihres Tischherrn bemerken und sofort unterbinden müssen. Die Blicke der Gäste richteten sich erwartungsvoll auf den Chefkoch, der den Restaurantleiter anwies, umgehend die Polizei zu verständigen und ein paar kräftige Küchenhelfer herbeizitierte, die den völlig apathisch wirkenden »Täter« höflich, aber bestimmt in die Küche komplimentierten, auf keinen Fall wollte er es in seinem Restaurant zu einem Skandal kommen lassen. Als der stark beleibte Beschuldigte sich sichtlich geniert vom Stuhl erhob, um sich in die Küche abführen zu lassen, deutete seine Tischdame mit theatralischer Geste auf die deutlich sichtbaren weißen Flecken im Schritt der schwarzen Anzughose. »Da sehen Sie, was er mir angetan hat! Es ist unglaublich, dass einer Frau in Not in diesem Restaurant nicht geholfen wird!«

Die herbeigerufenen Polizeibeamten sollten später vor Gericht aussagen, dass sie bei Eintreffen im Restaurant in eine skurrile Szene geplatzt seien: Ohne Hose stand der dickliche Mann mit erhobenen Händen inmitten der Küche des Sternerestaurants und wurde von den muskulösen Küchenhelfern des Sternekochs »in Schach gehalten«. Der Spüler sei besonders aggressiv aufgetreten und habe sich mit einem gut vierzig Zentimeter langen Küchenmesser bewaffnet. Noch ehe die Polizisten etwas sagen konnten, übergab ihnen der Restaurantleiter die Anzugshose des potenziellen Sextäters in einem vakuumierten Plastikbeutel. Man habe die Spuren dieses Gewaltverbrechens zu Beweiszwecken sichergestellt und das Corpus Delicti fachgerecht asserviert. Auf die Frage, ob der Festgenommene sich zu den Vorwürfen geäußert habe, erklärte der Restaurantleiter in übertrieben gehobener Ausdrucksweise, dass ein »niederer Mensch« wie dieser nichts zu sagen habe, zumal seine Schuld ja wohl eindeutig feststehe, die Beweislage sei erdrückend. Währenddessen verlieh der Spüler den Worten des Restaurantleiters Nachdruck, indem er mit dem Küchenmesser unter der Nase des Beschuldigten herumfuchtelte und anmerkte, ihm gehörten die Eier abgeschnitten.

Die Polizisten zeigten sich sichtlich beeindruckt von so viel »Zivilcourage« und bedankten sich für den heldenhaften Einsatz der Küchencrew, wenngleich ihnen natürlich klar war, dass es dem Beschuldigten durchaus freistand, sich zu den Vorwürfen zu äußern. Zudem galt auch bei erdrückender Beweislage immer noch die Unschuldsvermutung. Trotzdem waren sich auch die Beamten angesichts der Beweislage darüber einig, dass eine sexuelle Handlung unter dem Restauranttisch stattgefunden haben musste. Im Prozess sagten sie später aus, das Personal habe es vielleicht etwas übertrieben, aber in Anbetracht der Umstände absolut vorbildlich gehandelt, schließlich müsse man bei Sexualstraftätern hart durchgreifen.

Die Polizisten legten dem schwergewichtigen Restaurantgast, der nach wie vor in seiner Unterwäsche dastand, Handschellen an und führten ihn unter den neugierigen Blicken der Restaurantgäste ab. Dem Beschuldigten hatte die schroffe Behandlung durch das Küchenpersonal merklich zugesetzt, dicke Schweißperlen standen ihm auf der Stirn. Umso erleichterter gab er sich später auf der Wache, da er nicht mehr dem Wohl und Wehe des schwer bewaffneten Spülers ausgeliefert war. Er verteidigte sich in gemessenem Ton und durchaus wortgewandt. Er habe sich nichts zuschulden kommen lassen – was die Beamten als Schutzbehauptung einstuften, lag der ultimative Beweis doch vor ihnen, fachgerecht und luftdicht verschweißt in einem durchsichtigen Plastikbeutel, welcher mit dem Logo des Sternelokals bedruckt war. Die weißen Flecken im Schritt der Anzugshose waren deutlich erkennbar.

Dennoch bestritt der korpulente Mann, der noch immer in Unterhose vor den Beamten saß, vehement das doch so Offensichtliche. Er sei durchaus bereit, zuzugeben, dass zwischen ihm und der Dame eine »erotische Spannung« bestanden habe, welche sich jederzeit in einem Feuerwerk der Ekstase hätte entladen können, keine Sekunde lang aber seien seine Hände in greifbarer Nähe seines Intimbereichs gewesen. Er habe sich eine sexuelle Interaktion mit der Dame vorstellen können, jedoch erst zu einem späteren Zeitpunkt. Schließlich habe er sie im Restaurant zum ersten Mal persönlich getroffen.

Es stellte sich heraus, dass er seine Tischdame nur wenige Wochen zuvor auf der Online-Partnerböse *Elite-Beziehungen* kennengelernt hatte, die mit dem Slogan *Für Studierte und Singles mit Niveau* warb. Da er Niveau habe und dazu studiert sei, habe er sich von der Internetseite sofort angesprochen gefühlt, auch wisse er sich durchaus gut zu benehmen – erst recht zu Tisch.

Dass sich seine Begleitung bei ihm und nicht er sich bei ihr über das Portal gemeldet habe, beweise doch, dass der erotische Funke vielmehr bei der Dame entzündet worden sei und nicht bei ihm, gleichwohl er zugebe, dass sie ihm von Anfang an sehr sympathisch gewesen sei, zumal die Partnerbörse sie ihm ob der vielen Übereinstimmungen mit seinem Profil als »Volltreffer« angezeigt habe – sie sei Musikerin, ganz wie er selbst, dazu habe ihn ihr Erscheinungsbild angesprochen. Und überhaupt: Wenn er sich händisch Befriedigung verschaffen wollte, so täte er das nicht in einem Restaurant – das sei alles andere als niveauvoll. Bei der ganzen Angelegenheit könne es sich nur um eine Intrige der Dame handeln, oder womöglich sei seine gewitzte Anspielung beim Bestellen des Hauptgangs nicht gut bei der Dame angekommen. Als gekonnter Verführer habe er lediglich vorgeschlagen, eventuell auf den Nachtisch zu verzichten, um ihn andernorts zu genießen. Eine solche Frage müsse doch auch in Zeiten der #MeToo-Bewegung erlaubt sein, zumal er die Idee aus einem Ratgeber für erotische Dates entnommen hatte.

Gleichwohl sie seinen Vorschlag unbeantwortet gelassen habe, was der verschrobene Musiker seiner Tischdame im Nachhinein als »konventionelles Sträuben« auslegte, habe sie ihm doch signalisiert, dass in ihr das unstillbare Feuer der Lust brannte, welches nur durch seine wohltuende körperliche Präsenz gestillt werden konnte. Als Gentleman schweige er natürlich über die Details, aber dies sei doch der Beweis für seine Unschuld. Es habe für ihn keinen Grund gegeben, in sicherer Erwartung und Vorfreude auf den verheißungsvollen Nachtisch zu masturbieren.

Niemals würde er zudem etwas tun, was ihn in diesem Restaurant diskreditierte oder ihm – wie leider geschehen – ein lebenslanges Hausverbot einbrächte – es handle sich schließlich um einen lukullischen Tempel der Gaumenfreuden.

Als Anwalt kann man nach der Lektüre einer solchen polizeilich protokollierten Aussage nur verzweifelt aufstöhnen. Wer sich bei der Polizei so lang und breit auslässt, dem kann auch der beste Verteidiger oft nicht mehr helfen. Die Polizisten waren nach dieser umfassenden Aussage, die sie auf Band aufgezeichnet hatten, restlos von der Schuld des Musikers überzeugt. Zwar hatten sie nicht jede seiner gestelzten Formulierungen verstanden, aber alles in allem deuteten sie seine Aussagen als ein Geständnis. Dazu war der Musiker in ihren Augen unterrum äußerst seltsam gekleidet. Ganz im Stile der Dreißigerjahre trug er Gamaschen, Socken mit Strumpfhaltern und weiße Feinrippunterwäsche, die ihm bis kurz oberhalb des Knies reichte – äußerst verdächtig! Die Beamten sollten vor Gericht weiterhin aussagen, dass der Beschuldigte sich umfassend danach erkundigt habe, wie er jetzt, da seine Unschuld bewiesen sei, gegen das lebenslange

Hausverbot in dem Sternelokal vorgehen könne. Er habe sie sogar darum gebeten, ihn zum Restaurantleiter zu begleiten, um das Missverständnis aufzuklären. Die Polizisten hatten das höflich abgelehnt und auf die noch laufenden Ermittlungen verwiesen. Auch der Staatsanwalt hatte keinen Moment an der Schuld des Musikers gezweifelt – die weißen Flecken auf der Hose waren schließlich eindeutig – und ihn angeklagt.

Bis zum Tag der mündlichen Verhandlung hatte sich längst herumgesprochen, dass sich der Musiker, der als exzentrisch und als äußerst begabt galt, wegen einer Sexualstraftat vor Gericht verantworten musste, dementsprechend voll war dann auch der Zuschauerraum des Gerichtssaals. Nach wie vor bestritt der Musiker vehement, sich im Schutz der reinweißen Tischdecke befriedigt zu haben. Entgegen dem ausdrücklichen Rat seiner Freunde war er ohne Verteidiger bei Gericht erschienen und leitete seine Verteidigung mit dem Hinweis ein, er verzichte bewusst auf einen Anwalt, da nur Schuldige sich eines solchen Mietmauls bedienten. Er hingegen habe volles Vertrauen in das Urteilsvermögen des Gerichts, schließlich sei Justitia blind. Nachdem er diese Eröffnungsrede einen Moment hatte nachwirken lassen – schon jetzt waren alle Anwesenden von seiner Schuld überzeugt –, ließ er es sich nicht nehmen, die »Verteidigungslinie«, an die er sich schon auf dem Revier gehalten hatte, erneut wort- und diesmal auch stimmgewaltig vorzubringen. Als er gefragt wurde, woher denn die verdächtigen Flecken im Schritt seiner Hose stammten, konnte der sonst so wortgewandte Musiker allerdings nur wenig beitragen: Die könne er sich auch nicht erklären.

Nach Vernehmung des Küchenpersonals und der Polizeibeamten fragte der Richter, ob eine Vernehmung der Geschädigten wirklich notwendig sei. Diese habe im Vorfeld der Verhandlung zahlreiche Faxe an das Gericht geschickt, in welchen sie betonte, durch die bestialische Tat schwer traumatisiert zu sein. Um dies zu untermauern, hatte sie die Atteste verschiedener Heilpraktiker beigefügt.

Er würde die Sache gerne zu Ende bringen, so der Richter. Im Falle eines Geständnisses könne er sich eine milde Geldstrafe oder sogar eine Einstellung des Verfahrens gegen Geldauflagen vorstellen.

Überraschenderweise hätte der Staatsanwalt einer Einstellung des Verfahrens sogar zugestimmt, aber der Angeklagte verwehrte sich vehement gegen jegliches Schuldeingeständnis und schwadronierte wortreich von Menschenrechten und dem Grundsatz des fairen Verfahrens. Außerdem wollte er unbedingt seine von der Staatsanwaltschaft beschlagnahmte Hose zurückhaben. Sichtlich entnervt rief der Richter daraufhin die Geschädigte als letzte Zeugin in den Gerichtssaal.

Der Auftritt der Geschädigten erwies sich als nicht minder exzentrisch als der des Angeklagten. Man konnte sich des Eindrucks nicht erwehren, dass der Algorithmus bei *Elite-Beziehungen* bei diesen beiden Persönlichkeiten hervorragende Arbeit geleistet hatte.

Weil die Tat »Mord an ihrer Seele« gewesen sei, habe sie sich entschieden, Schwarz zu tragen, erklärte die Geschädigte den Anwesenden. Als Beistand hatte sie eine Heilpraktikerin und eine Parapsychologin mitgenommen, die ihr während der Vernehmung als psychosoziale Prozessbegleiter Beistand leisten sollten. Als der Richter entnervt entgegnete, sie müsse sich schon für eine der beiden entscheiden, wählte sie die Heilpraktikerin, da die Psychologin sie schließlich auch telepathisch aus dem Publikum unterstützen könne.

Anhand der Chat-Protokolle von *Elite-Beziehungen*, die auszugsweise im Gerichtssaal verlesen worden waren, hatte man schon erahnen können, wie verschroben die Dame war – aber erst in natura wurde das ganze Ausmaß offenbar. Tränenreich schilderte sie die bestialische Tat.

»Ich erinnere mich noch, als wäre es gestern«, begann sie mit zitternder Stimme. Bei der Vorspeise – Rahmsuppe vom kanadischen Hummer mit frischen Jakobsmuscheln aus der Provence – habe der Unhold sich noch charmant und zuvorkommend gegeben. »Er versuchte mich einzulullen, um seine unfassbare Tat vorzubereiten. Aber ich war von Anfang an auf der Hut. Meine verstorbene Mutter war mir in der Nacht zuvor im Traum erschienen und hatte mich davor gewarnt, diesem Mann zu schnell Vertrauen zu schenken. Er heuchelte Interesse, indem er sich nach meiner jüngsten Komposition erkundigte, doch ich beobachtete ihn scharfäugig. Wie konnte dieser feiste Lüstling mir nur so etwas antun? Ich bin für mein Leben gezeichnet, traue mich seither kaum noch vor die Tür!

Dass so jemand überhaupt noch frei herumlaufen darf«, entfuhr es ihr unter dem beifälligen Nicken ihrer Heilpraktikerin, während sie den Angeklagten mit verachtungsvollen Blicken bedachte. »Kurz nachdem der Maître den Hauptgang abgeräumt hatte – frische Forelle mit grünem Hallertauer Spargel in einer Sauce béarnaise, abgeschmeckt mit einem Schuss Burgunder –, bemerkte ich bereits, dass mir mein Gegenüber nicht mehr richtig zuhörte. Als Musikerin bin ich eine sehr wahrnehmungssensible Person. Ich bemerkte an ihm eine Stimmung, die ich nicht recht zuzuordnen wusste. Doch es war klar, dass seine Aufmerksamkeit nicht meinen Schilderungen, sondern meinem Körper galt, obwohl ich ihm gerade von dem musikalischen Höhepunkt meines selbstkomponierten Streichquartetts mit dem Titel »Zwei Jahreszeiten« erzählte! Ich konnte genau sehen, wie er mit seiner linken Hand unter den Tisch griff und diese eine ganze Zeit nicht mehr hervorholte. Zudem begann er keuchend zu atmen. Na ja, und das Ergebnis dessen, was er unter dem Tisch getrieben hatte, konnte man wenig später im Schritt seiner Anzugshose begutachten!«

Der erfahrene Amtsrichter beobachtete während dieser Schilderung den Musiker, der sich jedes Wort mit einem Füller notierte, und zwar mit der rechten, nicht mit der linken Hand. Für einen kurzen Augenblick dachte er darüber nach, ob nicht auch ein anderer Verlauf der Ereignisse denkbar wäre, obwohl sich der Musiker natürlich auch als Rechtshänder wortwörtlich mit links selbst befriedigen konnte.

So tränenreich und melodramatisch die Aussage der Zeugin in Schwarz auch war, sie konnte nichts gesehen haben, was den Musiker in Bedrängnis hätte bringen können. Schließlich kann man(n) unter einem Tisch viel mit seiner linken Hand machen, hinzu kam, dass der übergewichtige Mann seit Beginn der Verhandlung recht schwer atmete.

Dass der Angeklagte selbst angegeben hatte, er sei »mitunter Frivolitäten in der Öffentlichkeit nicht abgeneigt«, und zwischen ihm und der Dame habe »eine erotische Spannung« bestanden, welche sich jederzeit hätte entladen können, musste nicht heißen, dass er tatsächlich öffentlich »tätig« geworden war.

Vor allem lebte dem Anschein nach nicht nur der Angeklagte, sondern auch die Zeugin in ihrer eigenen Welt. Beide wirkten derart exzentrisch und weltfremd, dass der Richter entschied, die Aussagen mit Vorsicht zu genießen. Diese beiden würden wahrscheinlich alles sagen, nur um ihre Geschichte dramatischer erscheinen zu lassen. Den Richter beschlich das Gefühl, dass in diesem Fall etwas nicht stimmte und er der Sache auf den Grund gehen musste. Er hatte da so einen Verdacht.

»Was hat man Ihnen doch gleich als Hauptgang serviert?«, unterbrach der Richter die Wehklagen der Dame in Schwarz. »Wie ich bereits erwähnte: eine frische Forelle mit grünem Hallertauer Spargel in einer Sauce béarnaise, abgeschmeckt mit einem Schuss Burgunder«, erwiderte die Zeugin sichtlich pikiert ob der unwirschen Unterbrechung.

Was der Richter daraufhin veranlasste, mag unkonventionell erscheinen, es mag auch kein den Rechtsnormen entsprechendes Verhalten gewesen sein, aber es erwies sich als effektiv. Er unterbrach die Vernehmung der Geschädigten, ließ sich die noch immer luftdicht verpackte Anzugshose aus der Asservatenkammer bringen, begutachtete die Flecken auf Höhe des Hosenschlitzes und führte sich den Stoff dicht an das Gesicht heran. Mehrfach roch er an dem Fleck, dann leckte er – zum Entsetzen aller Prozessbeteiligten und des übervollen Saales – an seinem Finger, strich über den Fleck, führte den Finger wieder zum Mund und kostete.

»Sie haben recht, Frau Zeugin, eindeutig Sauce béarnaise mit einem Schuss Burgunder«, sagte der Richter und sprach den Musiker frei.

BLUT

Eigentlich war es für die Polizisten nur eine Routinekontrolle gewesen. Wie jeden Samstagabend hatten sich eine Handvoll Beamte auf der Kreisstraße postiert, um alkoholisierte Verkehrssünder dingfest zu machen. Als sie den weißen BMW anhielten, rechneten sie mit einer routinemäßigen Kontrolle, war die Fahrweise doch absolut unauffällig gewesen. Es handelte sich noch dazu um eine Luxusklasse, und dem Kennzeichen nach stammte der Fahrer nicht aus der Gegend – alles Indizien, die nicht auf einen angetrunkenen Kneipenbesucher aus der Region hindeuteten. Aber da gerade ohnehin nichts los war, konnte es nicht schaden, auch diesen Fahrer einer kurzen Kontrolle zu unterziehen. Was sich den Beamten dann jedoch im Fahrzeuginneren präsentierte, sollten sie so schnell nicht wieder vergessen: Das Gesicht des Fahrers, der ansonsten wie ein seriöser Geschäftsmann auf der Rückfahrt von einem Termin wirkte, war über und über mit Blut verschmiert. An einigen Stellen hatten sich dunkelrote bis bräunliche Blutkrusten gebildet, und auch in seinen Haaren klebten Blutklumpen. Es sah aus, als käme er direkt vom Schlachthof oder von einem kannibalistischen Festmahl im Stil Hannibal Lecters.

Erstaunlich war auch, dass Kleidung und Hände des Fahrers unbefleckt waren und das Innere des Wagens blitzsauber. Natürlich hätte das Blut im Gesicht und am Kopf auch von einer schweren Verletzung stammen können, doch eine frische Wunde konnten die Beamten nicht ausmachen. Besonders befremdlich und zugleich schockierend war aber das tadellose Benehmen des Fahrers, der den Beamten mit einem höflichen Lächeln Führerschein, Fahrzeugpapiere und Personalausweis aushändigte, sich ruhig und kooperativ verhielt. Es war absurd. Irgendetwas stimmte ganz und gar nicht, davon waren die Polizisten überzeugt. Auf die Frage, wo er denn herkomme und was mit seinem Gesicht los sei, antwortete der Fahrer höflich, aber bestimmt, es handle sich dabei um seine Privatsache. Einer Atemalkoholkontrolle unterzog er sich trotzdem freiwillig und ohne Widerstand. Da er hierzu aussteigen musste, nutzte ein anderer Wachtmeister die Gelegenheit, um das Auto des unheimlichen Fahrers mit der Taschenlampe auszuleuchten, aber außer einer leeren Wasserflasche war nichts Verdächtiges zu erkennen. Das Atemkontrollgerät zeigte 0 Promille an, er war also »sauber«, ganz im Gegensatz zu seinem Gesicht.

Aber konnte man diesen Mann einfach so weiterfahren lassen? Zwar hatte er sich vorschriftsmäßig verhalten, keinen Alkohol konsumiert, und die obligatorische Halterabfrage über Funk ergab keine Beanstandungen, aber das Blut im Gesicht machte die Polizisten stutzig, zumal der Fahrer nicht damit herausrücken wollte, wie es zu dem Blutbad gekommen war. Dabei hatten die Polizisten im Zuge von Verkehrskontrollen schon so viel Skurriles erlebt, dass sie jede halbwegs plausible Geschichte akzeptiert hätten – mit blutverschmierten Gesicht Auto zu fahren war ja grundsätzlich nicht verboten. Beispielsweise wäre denkbar gewesen, dass der Fahrer von einer Mottoparty kam, an der er kostümiert als Vampir, Zombie oder Mörder teilgenommen hatte, oder dass es sich bei der Flüssigkeit in seinem Gesicht nicht um Blut, sondern um Ketchup handelte.

Doch der Mann schwieg eisern zu seiner makabren Gesichtsbemalung. Vielleicht brächte ja ein Blick in den Kofferraum Licht ins Dunkel, schlug einer der Beamten vor, und verlangte Verbandskasten und Warndreieck zu sehen. Offenbar hatte der Polizist den richtigen Riecher, denn der Fahrer sträubte sich, den Kofferraum zu öffnen. Doch die Straßenverkehrs-Zulassungs-Ordnung ist eindeutig: Wenn ein Polizist Warndreieck und Verbandskasten sehen will, hat er das Gesetz auf seiner Seite. Das wusste auch der Blutverschmierte und versuchte seinen Kofferraum nur so weit zu öffnen, dass er gerade so an das Warndreieck und den Verbandskasten herankam, um sie herauszuholen. Natürlich nutzte ihm das verdächtige Gehabe nichts, und der aufmerksame Beamte hatte den verdächtigen Gegenstand längst entdeckt: Im Kofferraum lag ein nicht minder mit Blut besudeltes Laken. Sofort zog der Polizist seine Dienstwaffe und befahl dem Fahrer, sich mit dem Gesicht nach unten auf den Boden zu legen. Dann verständigte sein Kollege die Mordkommission.

Auch für die erfahrenen Kriminalbeamten erwies sich der Fall als ungewöhnlich. Die eiligst angeordnete kriminaltechnische Untersuchung (KTU) ergab, dass es sich bei dem Blut im Gesicht des Fahrers und auf dem Laken nicht nur eindeutig um menschliches, sondern auch noch um das Blut von mindestens zwei verschiedenen Menschen handelte. Der Verdacht, dass der Mann in ein Gewaltdelikt verwickelt war, erhärtete sich zusehends. Der jedoch schwieg weiterhin, sodass den Kriminalbeamten nichts anderes übrig blieb, als nach Schema F vorzugehen, Fingerabdrücke zu nehmen, das Blut, die Kleidung des Fahrers und den Wagen auf DNA-Spuren zu untersuchen und die Handy-Daten auszuwerten, um die Personen zu ermitteln, mit denen der Verdächtige zuletzt Kontakt aufgenommen hatte. Aber all das blieb ohne Erfolg. Zwar fanden die Beamten der Mordkommission heraus, dass das Fremdblut von zwei verschiedenen Frauen stammen musste, aber ob diese noch lebten oder wer sie waren, konnten sie nicht ermitteln. Die beiden Frauen, mit denen der Fahrer des weißen BMW kurze Zeit vor der Verkehrskontrolle telefoniert hatte, schienen als Opfer auszuscheiden. Von der Polizei kontaktiert, hatten beide angegeben, sich bester Gesundheit zu erfreuen und den Mann, der laut seiner Ausweisdaten Hans-Peter König hieß, nicht zu kennen. Der äußerte sich weiterhin nicht zu dem Blut und verlangte nach einem Rechtsanwalt.

Es war eine vertrackte Situation für die Kriminalbeamten: Sie hatten den begründeten Verdacht, dass irgendetwas Schlimmes passiert sein musste, konnten sich aber keinen Reim darauf machen, was konkret vorgefallen war. Sie mussten befürchten, dass die möglichen Opfer irgendwo schwer verletzt auf Hilfe warteten und konnten doch nichts tun. Den mutmaßlichen Gewalttäter zu einer

Aussage zwingen, das verbot ihnen das Gesetz, sodass die Beamten sich entschieden, die Öffentlichkeit einzubeziehen. Sie machten ein paar Aufnahmen von dem blutverschmierten Tatverdächtigen, übermittelten diese an Presse- und Medienvertreter und baten um einen bundesweiten Eilaufruf, um sachdienliche Hinweise zu einem möglichen Gewaltverbrechen zu erhalten. Die Polizei erhoffte sich von der Maßnahme, dass vielleicht ein Krankenhaus ein Opfer aufgenommen oder ein Passant etwas gesehen hatte und sich melden würde. Jeder Hinweis, wäre er auch noch so klein, konnte sachdienlich sein. Und tatsächlich: Wenige Minuten nachdem der erste Sender das Foto von Hans-Peter König gezeigt hatte, meldete sich eine Frau bei der eigens eingerichteten Hotline der »SoKo Blut«. Es war ausgerechnet eine der Frauen, die Hans-Peter König kurz vor der Verkehrskontrolle angerufen und die auch die Polizei im Zuge der Ermittlungen kontaktiert hatte. Jetzt, da sie das Bild in den Nachrichten gesehen hatte, wusste sie so einiges über Hans-Peter König zu berichten. Seinen Klarnamen hatte sie bis dato nicht gekannt, denn ihr hatte er sich bis dato immer nur als »Running Pete« vorgestellt. Running Pete war auch online sein Spitzname. Die beiden hatten einander über die App *Mein süßes Geheimnis* kennengelernt, über die Menschen mit bestimmten Vorlieben nach einem Sexualpartner suchen können.

Nachdem die Anruferin der Polizei ausdrücklich versichert hatte, sich bester Gesundheit zu erfreuen, erklärte sie, dass Running Petes Fetisch keine Gewalthandlungen beinhalte. Er stehe schlicht darauf, Frauen während ihrer Menstruation auf einem eigens mitgebrachten Betttuch oral zu befriedigen. Dass Running Pete sich das Gesicht danach nicht waschen wollte, habe sie anfangs auch für etwas merkwürdig gehalten, aber es war wohl Teil seines Fetischs. Der festgenommene Hans-Peter König hatte also kein Gewaltverbrechen begangen, stattdessen hatte er eine ganz besondere Vorliebe für den Geruch und den Geschmack von Menstruationsblut.

So schnell und vor allem so höflich wie Hans-Peter König alias Running Pete wurde vermutlich noch kein Gefangener in die Freiheit entlassen. Sogar das blutverschmierte Betttuch erhielt er postwendend zurück. Er verabschiedete sich mit der Anmerkung, dass die Beamten sicher Verständnis dafür hätten, in Bälde von seinem Anwalt zu hören.

Wie sich zeigte, war das keine leere Drohung. Hans-Peter König ging vor Gericht und erhielt eine recht hohe Entschädigung für die erlittenen Zwangsmaßnahmen. Die Kriminalbeamten hätten ihn ohne richterlichen Beschluss unter keinen Umständen so lange festhalten dürfen, schon gar nicht, ohne ihn mit einem Anwalt sprechen zu lassen. Außerdem war er durch die bundesweite Veröffentlichung seines blutüberströmten Gesichts schwer in seinem Recht auf informationelle Selbstbestimmung verletzt worden.

Die Verkehrspolizisten, denen Hans-Peter König seine Berühmtheit zu verdanken hatte, arbeiten mittlerweile übrigens an einem Straßenabschnitt, auf den sich ortsfremde Fahrer nicht so schnell verirren können.

GEORGE CLOONEY

»Mit sechsundsechzig Jahren, da fängt das Leben an« lautet der Titel eines Liedes von Udo Jürgens, Gott hab ihn selig. Viele Männer der entsprechenden Altersgruppe und nicht wenige Frauen würden diese Aussage unterschreiben. Gerade Männer werden ja oftmals mit Wein verglichen: Je reifer, desto besser. Prominentestes Beispiel für diese Theorie ist wohl Hollywoodschauspieler George Clooney, der mit den grau melierten Schläfen und den weltmännischen Zügen schon auf die Welt gekommen zu sein scheint und sich trotz des fortgeschrittenen Alters einer wachsenden Fan-Gemeinde erfreut.

Christoph Gerber hätte der ältere Bruder von George Clooney sein können. Stets war seine Haut urlaubsgebräunt, seine Gesichtszüge waren markant mit ausgeprägten Lachfalten, er war ein Meter dreiundachtzig groß, seine Silhouette war männlich, und dann waren da noch diese grau melierten Haare! Für ihn hatte das Leben tatsächlich mit sechsundsechzig Jahren so richtig angefangen. Selbst im Supermarkt drehten sich die Frauen reihenweise nach ihm um, darunter auch deutlich jüngere.

Anders als seine Altersgenossen verbrachte Christoph, der seine Frau früh bei einem Autounfall verloren hatte, seine Zeit nicht mit Golfen, Zeitunglesen, Fernsehabenden oder gar mit Kaffeefahrten. Herr Gerber war sehr aktiv. Er ging ins Restaurant essen, zog seine Bahnen im Schwimmbad, besuchte das Fitnessstudio, ging Reiten oder Skifahren, und nie war er dabei allein: In steter Begleitung von meist deutlich jüngeren Frauen, die bei ihm zu Hause ein und aus gingen, hätte Playboy-Veteran Hugh Hefner seine wahre Freude gehabt – Gott hab auch ihn selig.

Herr Gerber hatte Klasse, ganz wie George Clooney. Selbst seine Tochter Katalin beneidete ihn um sein abwechslungsreiches Sozialleben. Seit der Scheidung von ihrem Mann hatte sie niemanden mehr kennengelernt, der ihr wirklich gefiel, aber anmerken ließ sie sich ihren Ärger darüber nicht. Sie war ihrem Vater dankbar, dass er sie und ihren Sohn Max nach der hässlichen Scheidung bei sich aufgenommen hatte. Seitdem lebten bei Herrn Gerber drei Generationen unter einem Dach.

Enkel Max mutete seiner Mutter und seinem Großvater mit seinen vierzehn Jahren gerade eine volle Breitseite pubertäres Verhalten zu, doch Opa Christoph ging die Erziehung von Max gewohnt mühelos von der Hand.

In den vielen Momenten, in denen Katalin sich einsam fühlte, musste sie sich schweren Herzens eingestehen, dass ihr Vater erfolgreicher war als sie, was nicht spurlos an ihr vorüberging. Nicht selten giftete sie ihn zynisch an, wenn er einmal mehr das Haus verließ, um zu einer seiner Unternehmungen aufzubrechen, etwa indem sie stichelte, welches Fräulein denn heute in den Genuss seiner ungeteilten Aufmerksamkeit käme. Doch der Neid seiner

Tochter perlte an der schier grenzenlosen Coolness ihres Vaters ab.

Dass dann ihr Sohn Max seine erste Freundin mit nach Hause brachte, die er noch dazu über eine Dating App kennengelernt hatte, machte die Situation noch angespannter – wo doch Katalin schon seit Monaten Online-Dating betrieb, völlig erfolglos. Natürlich freute sich Katalin für ihren Sohn, aber offenbar hatten alle ihren Spaß, nur sie nicht.

Ira, Max' Freundin, war mit ihren langen, dunklen Haaren ausgesprochen hübsch und dazu bemerkenswert höflich, intelligent und aufmerksam. Sie war ein Jahr älter als Max, was für ihn einer Art Ritterschlag gleichkam, schließlich hatte keiner seiner Klassenkameraden eine ältere Freundin.

Auch deshalb hatte Katalin ihren Sohn nach Iras erstem Besuch bei ihnen zu Hause beiseitegenommen, um ihn eindringlich vor den Konsequenzen einer Vereinigung von Bienen und Blüten zu warnen. Leider war das Gespräch für beide eher peinlich als erhellend gewesen. Katalin hatte ohnehin das Gefühl, dass Max ihr entglitt. Sie fühlte sich überflüssig.

Ira fügte sich ausgezeichnet in die Familie Gerber ein. Nach nicht allzu langer Zeit war sie fast täglich zu Besuch, und auch mit dem fünfundfünfzig Jahre älteren Christoph verstand sich Ira hervorragend. Kein Wunder, denn wenn Opa Christoph mal nicht auf dem Sprung zu seiner nächsten Unternehmung war, verbrachte Max seine Zeit sehr gerne mit seinem Großvater, denn der hatte immer eine lustige Geschichte aus seinem ereignisreichen Leben zu erzählen und war – ganz im Gegensatz zu Katalin – immer gut drauf.

Zuletzt hatte Opa Christoph sich sogar ein Smartphone zugelegt, um mit Heidi, seiner aktuell bevorzugten Freundin auf der Höhe der Zeit zu kommunizieren. Heidi war neununddreißig Jahre alt und von Beruf Marketingassistentin. Sie kannte sich aus mit digitaler Kommunikation, ganz im Gegensatz zu Opa Christoph, der bis dato noch nicht einmal ein Handy besessen hatte. Selbstverständlich bat Christoph dann auch nicht Katalin, sondern Ira und Max, ihm das Handy einzurichten und WhatsApp auf das Handy zu laden, damit er kostenlos mit Heidi kommunizieren konnte, die berufsbedingt häufig ins Ausland reiste, und auch um die Vorzüge der Video-Anruffunktion auszukosten. Vermutlich hätte Katalin gar nicht die Geduld aufgebracht, Christoph bei der Account-Erstellung zu helfen, ihm die diversen Funktionen der App zu erklären und seine zahlreichen Sonderwünsche in Bezug auf Privatsphäre und Datenschutz zu berücksichtigen – Ira hingegen nahm sich viel Zeit. Sie war ein tolles Mädchen, und Max war bis über beide Ohren in sie verliebt.

Umso schlimmer traf es ihn, als Ira ohne jede Erklärung von einem Tag auf den anderen nicht mehr zu den Gerbers nach Hause kam. Auch auf Max' verzweifelte Anrufe auf ihrem Handy und bei ihr zu Hause reagierte sie nicht. Seine WhatsApp-Nachrichten und seine E-Mails blieben ebenfalls unbeantwortet. Noch schlimmer wurde es, als nach einer Woche Funkstille die Polizei mit einem Durchsuchungsbeschluss vor der Haustür der Gerbers auftauchte. Die Beamten wollten Katalin und ihrem Sohn Max zunächst nicht offen sagen, warum sie das Haus durchsuchen mussten, aber spätestens als Christoph seiner Tochter kreidebleich den Durchsuchungsbeschluss in die Hand drückte und sie darum bat, ihm einen Anwalt zu besorgen, war klar, was es mit Iras Verschwinden auf sich hatte: Opa Christoph wurden die Beschaffung und der Besitz von Jugendpornografie zum Schaden der erst fünfzehnjährigen Ira vorgeworfen.

Katalin war entsetzt, als sie sich die Vorwürfe durchlas. Minutiös ging der Durchsuchungsbeschluss darauf ein, was sich ihr Vater angeblich zuschulden hatte kommen lassen: Bis zu zweihundert Selfies und selbst gemachte Videos habe er von Ira empfangen, in denen sie sich für ihr Alter äußerst freizügig gab. Er habe das pornografische Bildmaterial, das Ira in allen denkbaren Positionen zeigte, über WhatsApp bezogen. Sehr detailreich wurde da beschrieben, wie sich Ira lasziv auf ihrem Bett rekelte und sich passend zum Rhythmus der Hintergrundmusik binnen Kürze ihrer Kleider entledigte, um sich im Anschluss allerlei Gegenstände in ihre Körperöffnungen einzuführen. Da Ira erst fünfzehn Jahre alt war und damit Jugendliche im Sinne des Gesetzes, war der Besitz des Materials streng verboten.

Dass Katalin überhaupt bereit war, sich für ihren Vater um einen Anwalt zu kümmern, muss man ihr hoch anrechnen, denn mit Christoph wollte sie seitdem nichts mehr zu tun haben. In ihren Augen waren die Vorgänge einfach nur widerlich und das mit Abstand Schlimmste, was ein Familienmitglied einem anderen antun konnte – von der armen Ira ganz zu schweigen. Das Leben der Familie Gerber lag in Scherben.

Die Beweislage war zudem erdrückend. Iras Vater hatte, als er seine Tochter zum Abendessen herunterholen wollte, rein zufällig einen Blick auf ihren Computerbildschirm

geworfen. Zunächst dachte er, was er dort sah, seien Porno-
bilder und war schon darüber einigermaßen entsetzt. Als
er aber bei genauerem Hinsehen sein eigenes Fleisch und
Blut in eindeutigen Posen erkannte, fiel er aus allen Wol-
ken. Da sich die Nachrichten und die Bilder an einen Mann
richteten, der Iras Großvater hätte sein können, verständigte er sofort die Polizei, und diese fand die Videos und
Bilder dann auch auf Opa Gerbers WhatsApp-Account.

Wer einer Sexualstraftat beschuldigt wird, der steht in
den Augen der Öffentlichkeit oft noch unter der Stufe
eines Mörders, mit dem will niemand etwas zu tun
haben, auch nicht die engste Familie. Allein der Vorwurf
reicht aus, um sozial und beruflich auf Lebzeiten vernichtet zu sein, weshalb sich Mandanten oft einiges einfallen
lassen, um ihre Unschuld zu belegen: Da heißt es dann,
man habe nur deshalb im Garten vor dem Badezimmer
der Nachbarin gestanden, weil man einen Fußball ver-
schossen habe – frühmorgens um 4:30 Uhr (vgl. die Geschichte »Spanner langer Hansel« in meinem Buch »Sex
vor Gericht«).

Als ich das Mandat von Opa Gerber übernahm, war
ich deshalb nicht überrascht, als er mit tonloser Stimme
und am Boden zerstört bestritt, irgendetwas mit den Bildern zu tun zu haben. Schließlich habe er die Aufnahmen
nicht gemacht, das Mädchen auch nicht dazu aufgefordert,
ihm derartige Bilder zu schicken. Aber: Besitz ist Besitz.
Sobald man belastendes Bildmaterial in seinem Postfach
hat, ist man dran, da ist der Gesetzgeber eisern. Schließlich will man den sexuellen Missbrauch von Kindern und
Jugendlichen gänzlich eindämmen und verhindern, dass

die Macher von kinder- und jugendpornografischen Schriften Abnehmer für ihr Material finden.

Christophs Chancen, mit einem blauen Auge davonzukommen, standen also schlecht, zumal ihn sein Enkel Max schwer belastete und wahrheitsgemäß aussagte, dass Ira seinem Opa auch noch dabei geholfen hatte, den unrühmlichen WhatsApp-Account einzurichten. Die Polizisten hatten es sich nicht nehmen lassen, Max im Protokoll der Vernehmung wörtlich zu zitieren, als er Ira nachgeäfft hatte: »Dein Dreitagebart sieht auf dem Profilbild, das ich dir hier hochgeladen habe, richtig sexy aus.«

Wie man unter diesen Umständen bestreiten konnte, Kenntnis von den gut zweihundert jugendpornografischen Bildern und Videos auf seinem eigenen Handy zu haben, war mir ein Rätsel, und – dessen war ich mir sicher – es würde auch bei Gericht nicht gut ankommen. Ob Opa Christoph seine Verantwortung leugnete oder gestand, würde darüber entscheiden, ob er mit einer Bewährungsstrafe davonkäme oder ob er sich einer Vollzugsstrafe stellen musste. Es war unklug, dass Christoph Gerber trotz der erdrückenden Beweislage hartnäckig seine Unschuld beteuerte. Er habe dieses scheiß WhatsApp nie benutzt, die Beziehung mit Freundin Heidi sei unlängst in die Brüche gegangen, als sie ihn in flagranti mit ihrer jungen Kollegin im Kino erwischt habe. Und nur für Heidi habe er dieses WhatsApp ja schließlich installiert.

Eine Erfolg versprechende Verteidigungslinie sah anders aus, zumal sämtliche belastenden Daten auf seinem Smartphone sichergestellt worden waren.

Aber auch beim Anwalt gilt das Sprichwort »Wer zahlt, schafft an«, und wenn der Mandant auf seine Unschuld beharrt, ist ja vielleicht auch was dran? Es war einen Versuch wert, bei WhatsApp anzufragen, ob es möglich wäre, nachzuvollziehen, ob und wann sich Nutzer auf ihrem Account einloggten. Würde sich wider Erwarten bestätigen, dass sich Opa Christoph, nachdem Ira das erste ihrer Bilder an ihn verschickt hatte, nie wieder bei WhatsApp eingeloggt hatte, wäre er aus dem Schneider. Denn »Besitz« meint juristisch gesprochen, dass man etwas in Besitz genommen hat, das heißt: Man muss von seinem Besitz Kenntnis haben. Besitzwille nennt sich das, und der ist beispielsweise nicht gegeben, wenn in der eigenen Garage ein Auto steht, von dem man nichts weiß, weil es jemand dort abgestellt hat und man seither nicht in der Garage war – das ist zwar unwahrscheinlich, aber nicht auszuschließen.

Sie können sich meine Überraschung vorstellen, als ich nach Monaten des Wartens die Auswertung von Opa Gerbers Account erhielt und aus dieser hervorging, dass er sich nach dem Tag der Erstellung seines WhatsApp-Accounts nie mehr eingeloggt, geschweige denn irgendwelche Nachrichten gelöscht hatte – Letzteres hatte die Polizei ihm unterstellt. Ihrer Ansicht nach musste er Ira dazu genötigt oder sie erpresst haben, ihm derart aufreizende Bilder von sich zu schicken. Ira hatte sich bei der Polizei auf Anraten ihres Anwalts nicht geäußert und dies auch nicht tun müssen, denn für sie bestand die Gefahr, sich durch das Herstellen und Verbreiten jugendpornografischer Schriften selbst strafbar gemacht zu haben.

Das Ende vom Lied: Das Verfahren gegen Christoph wurde mangels Besitzwillens eingestellt. Man konnte nicht ausschließen, dass Ira eigeninitiativ versucht hatte,

Opa Gerber mit den sexy Bildern für sich zu gewinnen. Familie Gerber sollte nach dieser Geschichte dennoch nie mehr zueinanderfinden. Vielleicht hatte das auch damit zu tun, dass auf den Tag genau drei Jahre später eine Hochzeitseinladung in die Kanzlei flatterte. In großen Lettern stand darauf: »Wir sagen Ja«. Unterschrieben war die Karte mit Ira und Christoph.